인간은 배워야 산다.
알기쉽고. 배우기쉬운. 음양오행. 동양철학.

내가본 운명학

* 자연의 섭리는 음양오행(陰陽五行)에 있다.
* 음양 오행은 도(道)이다.
* 도를 알면 운명(運命)이 보인다.
* 운명은 사람을 지배한다.
* 사람은 숙명(宿命)은 바꿀수 없지만.
  운명은 바꿀수 있다.
* 생(生)은 고(苦)다.
* 시간은 황혼을 위한 나그네 길.

인간은 배워야 산다.

알기쉽고. 배우기쉬운. 음양오행. 동양철학.

내가본 운명학

운명은 사람을 지배한다.
운명을 알고나면
내가 내 운명을 바꿀수 있다.

 관음출판사

동양 철학인 음양오행 사상은 우주 공간에 떠있는 해와 달과 무수한 별들과 지구의 자전 공전의 움직임과 삼라만상의 신비하고 오묘한 자연의 이치를 알아내는 학문으로서 자연속에서 숨쉬고 살아가는 동·식물과 고등동물이라고 하는 사람이 살아가는데 과거 현재 미래에 다가올 숙명과 운명을 예지하는 것도 중요한 일부분에 속한다고 본다.

자연 속에서 숨쉬고 살아가는 모든 동물과 식물과 인간 그리고 어떠한 모든 물질도 변하지 않는 것이 없다고 본다. 그리고 대자연의 섭리로서 바람이 불고 비가오고 천둥번개가 일어나는 것도 자연의 법칙과 원칙과 질서와 순리에 의하여 발생 한다고 본다.

나는 음양오행의 도를 이루기위해서 명산대천인 산과 바다를 다니면서 많은 고행을 하였으나 음양오행에 대한 자연의 이치는 무궁무진 하여 이론상으로는 틀림이 없으나 실질적으로는 도의 경지에 이루기란 한계가 있음을 알게 되었다. 나는 외국의 여러나라를 다녀보았지만 우리나라처럼 음양의 조화를 이루는 나라는 별로 없었다. 특히 우리나라는 봄 여름 가을 겨울의 4계절이 있고 지리적으로도 음양의 조화를 잘 이루고 있어 명산이 많아 훌륭하신 도인이 많이 배출되었음을 알 수 있다. 서울은 음양 조화를 잘 이루고 있다고 본다. 즉 의정부에서 볼 때 우측 북한산은 백호로서 양(陽)에 속하고 좌측의 수락산은 청용으로서 음(陰)에 속한다고 볼 수 있고 한강을 지나 관악산은 양에 속하고 남한산성은 음에 속하며 한강을 중심으로 강북은 양에 속하고 강남은 음에 속한다고 볼 수 있다. 그래서인지 강북은 산이 많고 강남은 평야지대라 여자의 치마처럼 생겨 있어 음양의 조화를 잘 이루고 있음을 볼 수 있다. 그리고 세계 지도를 볼 때 지구는 암소 모양을 가추고 있다고 볼 수 있다. 즉 아프리카는 소의 앞다리요 유럽은 소의 머리요 인도 중국 동남아는 소의 몸통이요 북아메리카는 소의 엉덩이요 남아메리카는 소의 뒷다리로 볼 수 있다.

대한민국은 몸통과 엉덩이 사이에 있어 암소의 젖줄에 해당하여 세상 모든 나라들이 젖줄을 찾아 모여든다하여 세계를 좌지우지 한다고 볼 수 있으며 인도의 칸디 수상은 한국은 동쪽에서 떠오르는 아침의 햇빛의 나라라고도 말하였다고 한다. 이러하듯 한국은 세계의 중심에 있으며 아주 좋은 나라라고 볼 수 있다.

이 지구상에는 목(木) 화(火) 토(土) 금(金) 수(水)의 음양오행이 없다면 생명체는 살 수가 없을 것이다. 자연의 이치는 음양오행의 조화 속에서만 이루어 질수 있음이다. 음양오행을 연구하다보니 정말 신비하고 오묘함을 느끼고 있으며 음양 오행을 사람의 숙명과 운명에 결부시켜 사람의 팔자를 만들고 그것을 감정하고 예지하기란 정말 어려운 학문이라 볼 수 있다.

사람은 태어나면서부터 년.월.일.시.을 지니고 태어난다. 이것을 추명학으로 풀이하면 사주팔자(四柱八字)라 하는데 사주팔자에는 숙명(宿命)과 운명(運命)으로 분리해서 정해지는데 숙명은 타고난 팔자요 운명은 매해년 들어오는 운세로세 대운(大運).년운(年運).월운(月運).일운(日運)등이 있어 숙명에 지대한 영향을 주게 된다. 숙명을 잘 타고나면 악운이 들어와도 잘 견디어내고 순운이 오면 발복하여 만사형통이 되나 숙명이 나쁘면 악운에는 파재 손재 병고 이별수 등이 있고 순운에는 발복은 하나 오래가지 못하는 것을 경험을 통해 많이 보아 왔다. 운명의 운(運)자 속에는 차(車)자가 들어있어 이리저리 돌아다니기에 우리 눈에는 보이지 않아 언제 어디서 재수를 주고 또한 재난 병고를 당할지 아무도 모른다.

내가 동양철학인 음양오행을 배우게 된 동기는 초년운은 다복했으나 중년 중반부터 불운이 들어와 파직 손재 병고 등이 있어 운명학을 배우게 되었다. 팔자가 좋은 사람은 운명이 없다고 하지만 필자의 경험상으로는 사람에게는 꼭 팔자가(숙명) 있고 운명이 있다고 본다. 이왕에 운명학을 배우게 되었으면 꾸준한 연구와 노력과 인내심을 가지고 배우기 바란다.

"시간은 황혼을 위한 나그네"

차 례

9

제5장. 사주(四柱)의 합충과 신살 (合冲.神殺) · 51

11

02 | 육친(六親)

03 | 용신과 격국(用神.格局)

04 실제감정

알기쉽고 배우기쉬운 음양오행 동양철학

내가본 운명학

운명학의 기초편.
사주의 합충과 신살.
육신과 용신 격국.
내격 외격 정격의 사주.
특수격.
사주 감정시 종합 비법.
실제감정.

제1편. 운명학(運命學)의 기초편(基礎偏)

　운명학(四柱八字)을 공부하고 연구하여 감정(鑑定-풀이)하는데는 기초(基礎) 부터 잘 알고 터득해야 한다. 기초적인것은 1차적으로 육십갑자(六十甲子)의 간지(干支)와 음양오행(陰陽五行)과 신살(神殺-合沖)관계만 잘 알고 터득해도 사주를 감정하는데 적중률이 상당히 높다고 본다.

　다음 2차적으로는 육신(六神)과 용신(用神) 격국(格局) 신강신약(身强身弱) 사주(四柱)등을 말하는데 1차적인 운명학을 잘 모르고서는 이해할 수 없으므로 꼭 1차적인 운명학을 잘 알고 이해해야 한다. 2차적인 운명학은 조상관계 부귀빈천관계 수요 질병관계 부모 가족 형제 관계 친구 사회적인 관계 사업적인 관계 등을 감정할 수가 있다. 그래서 1차적인 운명학은 단식 감정이라 할 수 있고. 2차적인 운명학은 복식 감정으로 분리할 수 있다.

제1장. 간지(干支)란 – 천간(天干)과 지지(地支)을 말함.

제1절. 간(干)과 지(支)란.

간(干)은 천간(天干)이라 하고 또는 십간(十干) 이라고도 하며 양(陽)에 속하고 하늘 남성(男性) 등으로 표현하기도 한다. 지(支)을 지지(地支)라고도 하고 또는 십이지(十二支) 라고도 하며 음(陰)에 속하고 땅 여성(女性)등으로 표현하기도 한다.

제2절. 천간(天干) 또는 십간(十干).

천간. 甲. 乙. 丙. 丁. 戊. 己. 庚. 辛. 壬. 癸.
　　　갑. 을. 병. 정. 무. 기. 경. 신. 임. 계.

제3절. 지지(地支) 또는 십이지(十二支).

지지. 子. 丑. 寅. 卯. 辰. 巳. 午. 未. 申. 酉. 戌. 亥.
　　　자. 축. 인. 묘. 진. 사. 오. 미. 신. 유. 술. 해.

이상 천간과 지지를 설명하였으며 이 간지를 위 아래로 짝을 지어 순서대로 연결하면 육십갑자(六十甲子)가 정해지는데 이 육십갑자는 중국 주나라때 주황제가 창안해 낸 것이라 한다.(꼭.암기할 것).

제2장. 육십갑자(六十甲子)란.

六十甲子는 천간과 지지가 상하로 짝을 지어 이루어지는데 천간은 갑(甲)부터 시작하고 지지는 자(子)부터 시작하는데 천간 甲을 지지인 子위에서부터 순서대로 세어 나가면 된다. 그리고 천간양(天干陽)과 지지양(地支陽). 천간음(天干陰)과 지지음(地支陰)으로 반드시 연결시켜야 한다.

* 육십갑자의 간지(干支)란 천간과 지지로 되어 있는데.

천간은 - 甲 乙 丙 丁 戊 己 庚 辛 壬 癸.
지지는 - 子 丑 寅 卯 辰 巳 午 未 申 酉. 戌 亥. 이다.

천간과 지지을 합하여 순행과 역행으로 세여 나가면.

순행 - 甲 乙 丙 丁 戊 己
　　　子 丑 寅 卯 辰 巳 등을 순행으로 60번 까지 세여
　　　나가면 계해(癸亥)가 된다.

역행 - 癸 壬 辛 庚 己 戊
　　　亥 戌 酉 申 未 午 등을 역행으로 60번 까지 세여
　　　나가면 갑자(甲子)가 된다.

제1절. 육십갑자 도표.

천간 - 甲 乙 丙 丁 戊 己 庚 辛 壬 癸. **지지** - 子 丑 寅 卯 辰 巳 午 未 申 酉. - 戌亥 - 空亡.
- 甲 乙 丙 丁 戊 己 庚 辛 壬 癸. - 戌 亥 子 丑 寅 卯 辰 巳 午 未. - 申酉 - 空亡.
- 甲 乙 丙 丁 戊 己 庚 辛 壬 癸. - 申 酉 戌 亥 子 丑 寅 卯 辰 巳. - 午未 - 空亡.
- 甲 乙 丙 丁 戊 己 庚 辛 壬 癸. - 午 未 申 酉 戌 亥 子 丑 寅 卯. - 辰巳 - 空亡.
- 甲 乙 丙 丁 戊 己 庚 辛 壬 癸. - 辰 巳 午 未 申 酉 戌 亥 子 丑. - 寅卯 - 空亡.
- 甲 乙 丙 丁 戊 己 庚 辛 壬 癸. - 寅 卯 辰 巳 午 未 辛 酉 戌 亥. - 子丑 - 空亡.

　이것은 기본이기 때문에 꼭 암기 바라며 순행(順行-바르게)과 역행(逆行-반대로)으로도 암기하기를 바란다. 사주추명학(四柱推命學)에서는 사주팔자(四柱八字)를 정하고 풀이하는데는 년(年).월(月).일(日).시(時) 등의 간지와 음양 오행이 상호 연관되어 정하게 된다. 타고난 사주팔자의 숙명(宿命)과 미래에 다가오는 운명(運命)을 감정하기란 쉬운 일이 아니기에 독자들의 상당한 기술적인 예지와 연구가 있어야 할 것이다. 사람이 타고난 숙명을 사주팔자(四柱八字 -4기둥에 8글자)라 하는데 사주를 정하는데는 먼저 간지(干支)를 정하는 법을 알아야 한다. 이제부터 내가 본 운명학의 기

초적인 것부터 공부 연구하기로 한다. 공망에 대해서는 다음장 신살편에서 참고하기 바라며 이 육십갑자는 꼭 암기해야 하며 순행으로 60갑자와 역행으로 60갑자를 암기해 두면 사주를 정할 때나 대운을 정할 때 꼭 필요하다.

* 암기 방법은 왼손 12마디.

地支의 — 子. 丑. 寅. 卯. 辰. 巳. 午. 未. 申. 酉. 戌. 亥. 위에.

天干인 — 甲. 乙. 丙. 丁. 戊. 己. 庚. 辛. 壬. 癸.를 연결하여
세어 나가면 戌. 亥.가 남는다. 또 戌. 亥. 위에
甲. 乙.로 세어 나가면 된다.

제3장. 음양 오행(陰陽五行).

음(陰)과 양(陽)의 도(道)란 너무 방대하고 뜻이 깊어서 일반 사람으로서는 이해하기가 어렵다고 본다. 음과 양의 道가 아니고서는 우주공간에 존재하는 것이나 지구상에 존재하는 만물까지도 창시 될 수도 없었다고 본다. 우주 창시론에 따르면 태초(太初-우주공간)에 무극(無極)이 있었고 이 무극에서 일기(一氣)가 생기고 일기(一氣)에서 음양(陰陽)이 생겨 조화를 이루어 우주 안에 삼라만상이 창조되었다고 한다. 사주 추명학에서도 陰陽의 道를 이해 못하면 사주감정 하기에 어려움이 따르게 된다. 음양의 道는 조화가 무궁하기 때문에 사주 추명학을 연구하다 보면 음양의

道를 얻을수 있을지 몰라도 내가 얻은 음양의 道로 상대방을 이해시키기란 어렵다고 본다. 陰과陽. 즉 천간(天干)을 양(陽-남성)이라 하지만 天干인 陽 속에는 陰氣(여성)를 간직하고 있고 地支(陰-여성)를 陰이라 하지만 지지인 陰속에도 陽氣(남성)를 간직하고 있어 陽인 남성도 陰인 여성을 그리워하고 陰인 여성도 陽인 남성을 그리워하는 것을 陰陽의 조화이고 이치이기 때문이라 생각한다. 陰陽이 성숙하여 지고 평행성(바란스)이 같아지면 男女 결혼 시기가 되어 결혼을 하게 되고 평행선이 기울어지면 노년기가 되어 이성으로서 감각이 무력해지면서 이성을 좋아하는 마음이 약해진다고 본다.

자연의 조화인 음양오행(陰陽五行)과 상생상극(相生相剋)의 순리와 법칙을 잘 터득하면 운명학 공부에 큰 발전과 도움이 되리라 생각이 든다.

제1절. 음과양의 구별.

1. 천간. 음양. 오행(天干. 陰陽. 五行)

천간 = 甲. 乙. 丙. 丁. 戊. 己. 庚. 辛. 壬. 癸.
음양 = 양. 음. 양. 음. 양. 음. 양. 음. 양. 음.
오행 = 木. 木. 火. 火. 土. 土. 金. 金. 水. 水.

天干陽 = 甲. 丙. 戊. 庚. 壬.
天干陰 = 乙. 丁. 己. 辛. 癸.

2. 지지. 음양. 오행(地支.陰陽.五行)

지지 =	子.	丑.	寅.	卯.	辰.	巳.	午.	未.	申.	酉.	戌.	亥.
음양 =	양.	음.	양.	음.	양.	음.	양.	음.	양.	음.	양.	음.
오행 =	水.	土.	木.	木.	土.	火.	火.	土.	金.	金.	土.	水.

地支陽 =	子.	寅.	辰.	午.	申.	戌.
地支陰 =	丑.	卯.	巳.	未.	酉.	亥.

제2절. 음과 양의 분류.

천지(天地) = 天은 陽 이고 하늘이다.

地는 陰 이고 땅이다

주야(晝夜) = 낮은 양이요. 밤은 음이다.

낮에 먹은 술은 일잔에 취하고 밤에 마신 술은 술술 잘 넘어가도 별로 취하지 않는다.

상하(上下) = 위쪽은 陽이요 남자요 아래쪽은 陰이요 여자다.

건곤(乾坤) = 건은 하늘건이라 양이요 곤은 땅곤이라 음이다

명암(明暗) = 밝은 낮은 양이요 어두운 밤은 음이다.

부모(父母) = 아버지는 남자요 양이요. 어머니는 여자요 음이다.

남녀(男女) = 남자는 양이요 하늘이요. 여자는 음이요 땅이다.

강약(强弱) = 강하고 힘 센 것은 양이요 약한 것은 음이다.

내외(內外) = 안에 있는 것은 음이요. 밖에 있는 것은 양이다.

생사(生死) = 살아 있는 것은 양이요 죽은 것은 음이다.

인귀(人鬼) = 사람은 양이요 귀신은 음이다.

이상 음양의 분류는 많이 있지만 몇가지만 알아 보았다. 陽氣 속에도 陰氣가 있고 陰氣 속에도 陽氣가 있음을 참고 하시고 많은 연구가 있기를 바란다.

제3절. 오행(五行).

1. 오행의 간지(五行.干支).

五行 = 木. 火. 土. 金. 水.
　　　 목. 화. 토. 금. 수.
나무. 불. 흙. 쇄. 물.이 다섯 오행은 기본이다.

천간(天干) = 甲. 乙. 丙. 丁. 戊. 己. 庚. 辛. 壬. 癸.
　　　　　　 갑. 을. 병. 정. 무. 기. 경. 신. 임. 계.
　　五行 = 木. 木. 火. 火. 土. 土. 金. 金. 水. 水.

지지(地支) = 子. 丑. 寅. 卯. 辰. 巳. 午. 未. 申. 酉. 戌. 亥.
　　　　　　 자. 축. 인. 묘. 진. 사. 오. 미. 신. 유. 술. 해.
　　五行 = 水. 土. 木. 木. 土. 火. 火. 土. 金. 金. 土. 水.

사주 추명학을 감정하는 데는 天干 10干과 地支 12支를 陰陽 五行으로 분리하여 상호관계와 상생상극(相生相剋)을 추리해서 사람의 숙명과 운명을 감정하고 예지하는 것이다. 동양 철학의 전통적 사상은 우주와 천지만물이 음양오행에 의하여 이루어졌다고 믿어 온 것 같으며 이 다섯 종류의 오행 외에도 수많은 물질이 있으나 이 물질들을 오행에 소속시키기는 어려우나 기본적인 것은 이 오행의 작용에 있는 것으로 생각이 든다.

천간 오행 =	甲乙.	丙丁.	戊己.	庚辛.	壬癸.
	木.	火.	土.	金.	水.
지지 오행 =	寅卯.	巳午.	辰戌丑未.	申酉.	亥子.
	木.	火.	土.	金.	水

2. 오행의 성질(性質).

오행.	방각.	계절.	하루.	기.	색.	성질.	숫자.
木.	동.	봄.	아침.	생기.	청색(靑).	인(仁).	1. 2.
火.	남.	여름.	낮.	왕기.	적색(赤).	예(禮).	3. 4.
土.	중앙.	중앙.	대낮.	둔함.	황색(黃).	신(信).	5. 6.
金.	서.	가을.	저녁.	숙살.	백색(白).	의(義).	7. 8.
水.	북.	겨울.	밤.	사기.	흑색(黑).	지(智).	9. 10.

3. 오행의 왕쇠(旺衰).

오행.	봄 (寅卯辰).	여름 (巳午未).	가을 (申酉戌).	겨울 (亥子丑).	중앙 (辰戌丑未).
木.	가장왕성.	쇠약.	가장쇠약.	왕성.	쇠약.
火.	왕성.	가장왕성.	쇠약.	가장쇠약.	쇠약.
土.	가장쇠약.	왕성.	쇠약.	쇠약.	가장왕성.
金.	쇠약.	가장쇠약.	가장왕성.	쇠약.	왕성.
水.	쇠약.	쇠약.	왕성.	가장왕성.	가장쇠약.

* 오행은 계절에 따라 왕하기도 하고 쇠하기도 한다.

제4절. 오행(五行)의 상생상극(相生相剋).

1. 상생(相生)

木 生 火 = 나무는 불을 잘 타게 해준다.

火 生 土 = 불은 흙을 따뜻하게 해준다.

土 生 金 = 흙 속에는 금이 있어 보호를 받는다.

金 生 水 = 금은 물을 깨끗하게 생 해준다.

水 生 木 = 나무는 물이 없으면 말라 죽는다.

2. 상극(相剋)

木 剋 土 = 나무는 흙속의 수분을 빨아 먹는다.

土 剋 水 = 흙은 물을 가두어 썩게 만든다.

水 剋 火 = 물은 불의 광체를 소멸 시킨다.

火 剋 金 = 불은 쇠를 녹여 칼날을 무디게 만든다.

金 剋 木 = 칼날은 나무을 잘라서 잎을 마르게 한다.

3. 비화(比和)

木-木. 火-火. 土-土. 金-金. 水-水.

비화는 같은 오행을 말하는데 오행에는 음양(陰陽)이 있어 육신(六神)으로 볼 때 형제(兄弟) 이복형제(異腹兄弟) 자매(姉妹) 친구(親舊) 등을 말하는데 사주에 따라 서로 상생하여 좋을 때도 있고 서로 상극이 되어 나쁠 때도 있으니 독자들의 많은 연구와 노력이 필요하다. 잘 판단하여 사주를 감정하기 바란다.

4. 오행의 일람표.

오행(午行) =	木.	火.	土.	金.	水.
오방(五方) =	동(東).	남(南).	중앙(中央)	서(西).	북(北)
오계(五季) =	봄.	여름.	사계.	가을.	겨을.
오기(五氣) =	바람(風).	열(熱).	습(濕).	조(燥).	한(寒).
오상(五常) =	인(仁).	예(禮).	신(信).	의(義).	지(智).
오색(五色) =	청(靑).	적(赤).	황(黃).	백(白).	흑(黑).
오장(五藏) =	간(肝).	심(心).	비(脾).	폐(肺).	신(腎).
육부(六腑) =	담(膽).	소장(小腸).	위(胃).	대장(大腸).	방광(膀胱)
오지(五志) =	기쁨(喜).	성냄(怒).	생각(思).	공포(恐).	근심(憂).
오미(五味) =	신맛(酸).	쓴맛(苦).	단맛(甘).	매운맛(辛)	짠맛(鹹)

5. 지지(地支-12지)의 띠별 종합 일람표.

地支.	五行.	陰陽.	월(月).	시(時).	띠별.	천귀(天貴).	보살(菩薩).
子.	水	陽	11月.	밤.11-1시.	쥐.	귀인(貴人).	만월보살.
丑.	土.	陰	12月.	1-3시.	소.	액(厄).	천수보살.
寅.	木	陽	1月.	3-5시.	범.	권(權).	대륜보살.
卯.	木	陰	2月.	5-7시.	토끼.	파(破).	수월보살.
辰.	土.	陽	3月.	7-9시.	용.	간(干).	관세음보살.
巳.	火.	陰	4月.	9-11시.	뱀.	문(文).	관자제보살.
午.	火.	陽	5月.	낮.11-1시.	말.	복(福).	여의륜보살.
未.	土.	陰	6月.	1-3시.	양.	마(馬).	대세지보살.
申.	金	陽	7月.	3-5시.	원숭이.	고(孤).	십일면보살.
酉.	金	陰	8月.	5-7시.	닭.	인(刃).	군다리보살.
戌.	土.	陽	9月.	7-9시.	개.	예(藝).	정취보살.
亥.	水	陰	10月.	9-11시.	돼지.	수(壽).	아미타불.

6. 납음오행(納音五行).

간지의 오행은 정오행이라 하며 간지가 각각 소속되어 있는 오행을 말한다. 남음오행은 육십갑자에 따른 오행으로 생극 비화에 따라 남녀 궁합.택일.음택.양택. 등에 쓰이나 사주추 명학에서는 그다지 중요하지 않으나 참고삼아 일람표를 작성해본다.

甲子. 乙丑. = 해중금(海中金).	丙寅. 丁卯. = 노중화(爐中火).
戊辰. 己巳. = 대림목(大林木).	庚午. 辛未. = 노방토(路傍土).
壬申. 癸酉. = 검봉금(鈐鋒金).	甲戌. 乙亥. = 산두화(山頭火).
丙子. 丁丑. = 간하수(澗下水).	戊寅. 己卯. = 성두토(城頭土).
庚辰. 辛巳. = 백랍금(白蠟金).	壬午. 癸未. = 양류목(楊榴木).
甲申. 乙酉. = 천중수(天中水).	丙戌. 丁亥. = 옥상토(屋上土).
戊子. 己丑. = 벽력화(霹靂火).	庚寅. 辛卯. = 송백목(松栢木).
壬辰. 癸巳. = 장류수(長流水).	甲午. 乙未. = 사중금(沙中金).
丙申. 丁酉. = 산하수(山下水).	戊戌. 己亥. = 평지목(平地木).
庚子. 辛丑. = 벽상토(壁上土).	壬寅. 癸卯. = 금박금(金箔金).
甲辰. 乙巳. = 복등화(覆燈火).	丙午. 丁未. = 천하수(天河水).
戊申. 己酉. = 대역토(大驛土).	庚戌. 辛亥. = 차천금(차釧金).
壬子. 癸丑. = 상자목(桑秭木).	甲寅. 乙卯. = 대계수(大溪水).
丙辰. 丁巳. = 사중토(沙中土).	戊午. 己未. = 천상화(天上火).
庚申. 辛酉. = 석류목(石榴木).	壬戌. 癸亥. = 대해수(大海水).

제4장. 사주팔자(四柱八字)의 간지를 정하는 법.

제1절. 사주의 간지.

사주팔자의 간지를 정하는데는 당사자인 생년(生年). 생월(生月). 생일(生日). 생시(生時).를 기준해서 해당되는 간지로 네 기둥을 세워야 한다.

> 생년의 간지를 년주(年柱).
> 생월의 간지를 월주(月柱).
> 생일의 간지를 일주(日柱).
> 생시의 간지를 시주(時柱).

　年. 月. 日. 時.는 각 간지의 두자로 되어 있으므로 총 팔자(八字)가 되는데 사람의 운명을 팔자대로 산다고 하는데 이 말은 사주추명학에서 비롯된 것 같다. 사주의 간지를 정하는 데는 간지와 음양오행과 육십갑자와의 관계 등 여러가지 기초적인 문제를 잘 터득하고 이해를 해야 쉽게 간지를 바로 정할 수 있다. 또한 사주팔자의 간지를 정하는 데는 절기(節氣)를 잘 알아야 하는데 만세력(萬歲曆)에 자세히 기록되어 있으니 만세력을 구입하여 참고하시기 바란다.

* 각 월(月)의 절입(節入)시기. (음력(陰曆)기준).

1월(寅달) －입춘(入春).우수(雨水).	2월(卯달) － 경칩(驚蟄).춘분(春分).
3월(辰달) －청명(淸明).곡우(穀雨).	4월(巳달) － 입하(入夏).소만(小滿).
5월(午달) － 망종(芒種).하지(夏至).	6월(未달) － 소서(小暑).대서(大暑).
7월(申달) － 입추(入秋).처서(處暑).	8월(酉달) － 백로(白露).추분(秋分).
9월(戌달) － 한로(寒露).상강(霜降).	10월(亥달) － 입동(入冬).소설(小雪).
11월(子달) － 대설(大雪).동지(冬至).	12월(丑달) － 소한(小寒).대한(大寒).

　위 월의 절입시기는 만세력을 참고하시면 사주의 干支를 간단하게 정할 수 있다.

제2절. 년주(年柱-生年)의 간지.

년주의 간지를 정하는 데는 육십갑자와 만세력에 의하여 정하면 된다. 당사자의 나이가 갑자생(1984년.쥐띠). 또 을축생(1985년.소띠). 또 병인생(1986년.범띠). 등을 만세력에서 보고 정하면 된다.

여기서 주의할 것은 만세력의 년주를 음력(약력도 표시되어 있음)으로 기준한 것으로서 구년과 신년의 구별은 정월 초하루를 기준한 것이 아니라 절기인 입춘일부터 정하는데 입춘일에도 입춘 시간이 드는 시간부터 당사자가 태어난 시간을 대조하여 정하면 된다. 즉 갑자년(1984년) 입춘일에 드는 시간은 음력 1월 4일 자시(밤11시0분-1시)에 들어 있다. 11-12시를 3일에 해당. 야자시(夜子時)라 하고 밤12-1시 이후는 4일에 해당하여 정자시(正子時)라고 한다. 3일 자시(11-12시)에 태어난 사람은 계해생(癸亥生-1983년)이 되고 4일 자시(12시0분-1시)에 태어난 사람은 갑자생(甲子生-1984년)으로 년주를 정하면 된다. 시계가 없는 옛날에는 子시를 구분하기가 어려워 야자시인지 정자시인지 아리송한 사주가 많아 운명 감정에 어려움이 있었다. 이 子시 부분을 잘 설명하였으나 이해하기가 쉽지 않을 것이다. 독자들의 상당한 연구와 노력이 필요할 것이다. (시주 간지 참조).

년주(年柱)의 간지를 정하는 데는 위에서도 설명했지만 만세력에 있는 나이별로 갑자생, 을축생으로 정하면 된다.

(예).

= 갑자생(1984년) (음) 3월 10일에 태어난 경우.

　년주(年柱) = 갑자(甲子).

= 병인생(1986년) 음력 1월 25일에 태어난 경우.

　년주(年柱) = 병인(丙寅).

　만세력에 나오는 나이별(띠별)로 적으면 된다.

제3절. 월주(月柱-生月)의 간지.

월주의 간지를 정하는 데는 생년과 같이 만세력에 있는 각 월의 월건에 의한다. 월주의 간지를 정함에 있어서 주의할 것은 년주 간지를 정할 때처럼 절입시기인 입춘. 경첩 등을 표준으로 정해야 한다.

예를 들면 = 병인생(1986년) (음) 1월 25일생인 경우.

　　　　년주. 병인(丙寅).

　　　　월주. 경인(庚寅).

　　　　일주. 무신(戊申). 일이 된다.

예를 들면 = 병인생(1986년) (음) 1월 27일 생인 경우.

　　　　년주. 병인(丙寅).

　　　　월주. 신묘(辛卯).

　　　　일주. 경술(庚戌). 일이 된다.

병인년에는 음력 1월 26일 묘시초에 2월 절기인 경칩이 들어옵니다. 참고바람-(음력기준). 월주의 간지 중에도 월지는 어느 해를 막론하고 고정되어 있으므로 아래표를 암기 해주기를 바란다. (음력기준).

1. 고정된 월지.

> 1월의 월지는 - 인(寅) - 木 - 양 - 범.
> 2월의 월지는 - 묘(卯) - 木 - 음 - 토기.
> 3월의 월지는 - 진(辰) - 土 - 양 - 용.
> 4월의 월지는 - 사(巳) - 火 - 음 - 뱀.
> 5월의 월지는 - 오(午) - 火 - 양 - 말.
> 6월의 월지는 - 미(未) - 土 - 음 - 양.
> 7월의 월지는 - 신(申) - 金 - 양 - 원숭.
> 8월의 월지는 - 유(酉) - 金 - 음 - 닭.
> 9월의 월지는 - 술(戌) - 土 - 양 - 개.
> 10월의 월지는 - 해(亥) - 水 - 음 - 돼지.
> 11월의 월지는 - 자(子) - 水 - 양 - 쥐.
> 12월의 월지는 - 축(丑) - 土 - 음 - 소.

이상은 고정된 월지를 음양오행과 동물 띠별로 표시하였으니 참고하시기 바란다. 생월의 간지를 정하는 것은 만세력에 있지만 월간을 정하는 것은 일정한 법칙이 있어 아래에 기록한다. 월간(月干)을 정하는 데는 년주 천간(天干)의 합에 의해 정해지는데 음양오행과 상생 상극을 잘 알아야 한다. 전 장에서 설명했으나 여기서 다시 설명한다.

2. 오행 천간의 간합(干合).

천간 = 甲. 乙. 丙. 丁. 戊. 己. 庚. 辛. 壬. 癸.

천간합 (天干合) = 甲 - 己 合 = 土.

　　　　　　　乙 - 庚 合 = 金.

　　　　　　　丙 - 辛 合 = 水.

　　　　　　　丁 - 壬 合 = 木.

　　　　　　　戊 - 癸 合 = 火.이다

　甲 - 己, 合 = 土 인데 土을 生하는 것은 火이다. 火 에는 丙. 丁.이 있는데 陽의 丙을 1월 지지인 인(寅) 위에서부터 자기가 태어난 달까지 세어 나가면 된다. 즉 1월은 丙寅. 2월은 丁卯. 3월은 戊辰. 4월은 己巳. 5월은 庚午. 등으로 세어 나가면 월간을 정할 수 있다.

3. 월간(月干) 조견표.

월간	1월	2월	3월	4월	5월	6월	7월	8월	9월	10월	11월	12월
甲己一土	丙寅	丁卯	戊辰	己巳	庚午	辛未	壬申	癸酉	甲戌	乙亥	丙子	丁丑
乙庚一金	戊寅	己卯	庚辰	辛巳	壬午	癸未	甲申	乙酉	丙戌	丁亥	戊子	己丑
丙辛一水	庚寅	辛卯	壬辰	癸巳	甲午	乙未	丙申	丁酉	戊戌	己亥	庚子	辛丑
丁壬一木	壬寅	癸卯	甲辰	乙巳	丙午	丁未	戊申	己酉	庚戌	辛亥	壬子	癸丑
戊癸一火	甲寅	乙卯	丙辰	丁巳	戊午	己未	庚申	辛酉	壬戌	癸亥	甲子	乙丑

월간 조견표를 참고하시면 시간이 늦어지지만 왼손 12마디(子.丑.寅.卯.辰.)를 사용하여 월간을 표출하면 시간 절약과 손님도 더 믿음을 갖게 된다.(월간지는 만세력에 표시되어 있음).

제4절. 일주(日柱-生日)의 간지.

일주(日柱-生日)의 간지를 정하는 것은 만세력이나 달력에 의해 당사자의 태어난 生年. 生月. 生日.을 찾아서 보면 된다.

(예).
= 갑자년 (1984년) (음) 3월 10일에 태어난 경우.
 년주(年柱) = 갑자(甲子).
 월주(月柱) = 무진(戊辰).
 일주(日柱) = 갑술(甲戌).이 된다.

= 을축년 (1985년) (음) 1월 25일에 태어난 경우.
 년주(年柱) = 을축(乙丑).
 월주(月柱) = 기묘(己卯).
 일주(日柱) = 갑인(甲寅).이 된다.

을축생 1월 25일이면 월주가 무인월(戊寅月)이라 생각되지만 절기가 1월 15일이 경칩이라, 경칩 이후부터는 1월생이라 할지라도 2월 기묘 월주(己卯月柱)가 되는 것을 이해하시기 바란다.

제5절. 시주(時柱−生時)의 간지.

시주(時柱)간지을 정하는 데는 月柱의 간지를 정하는 것과 같이 일정한 기준이 있으며 만세력에는 쓰여져 있지 않으므로 시주의 조견표를 항상 참고해야 한다. 시주의 干支중 시지(時支−태어난시간)는 항상 일정하여 당사자의 태어난 시간을 알면 되고 시간(時干)은 日干에 의해 정해야 한다.

1. 태어난 시간표 − (고정되어 있음).

자시(子時) − 전일 밤	11시0분 − 당일 오전(새벽) 1시.
축시(丑時) − 당일 오전	1시0분 − 오전 3시.
인시(寅時) − 오전	3시0분 − 오전 5시.
묘시(卯時) − 오전	5시0분 − 오전 7시.
진시(辰時) − 오전	7시0분 − 오전 9시.
사시(巳時) − 오전	9시0분 − 오전 11시.
오시(午時) − 오전	11시0분 − 오후 1시.
미시(未時) − 오후	1시0분 − 오후 3시전
신시(申時) − 오후	3시0분 − 오후 5시전
유시(酉時) − 오후	5시0분 − 오후 7시전
술시(戌時) − 오후	7시0분 − 오후 9시전
해시(亥時) − 오후	9시0분 − 오후 11시전

시간(時干)을 정하는 것은 월간(月干)을 정하는 것처럼 조견표 없이도 시간(時干)을 정할 수 있는 방법이 있다. 즉 일주의 천간(天干)의 합에 의해 정해지는데 우선 음양오행(陰陽五行)의 상생상극(相生相剋)을 알아야 한다. 월간을 정하는 데는 상생을 기준했지만 시간을 정하는 데는 상극을 기준으로 해야 한다.

2. 상생.상극의 조견표.

상생(相生)	木-生-火. 火-生-土. 土-生-金. 金-生-水. 水-生-木.
상극(相剋)	木-剋-土. 土-剋-水. 水-剋-火. 火-剋-金. 金-剋-木.

(예).
= 갑자생(1984년) (음) 3월 10일 午時生의 경우.

년주 (年柱) = 갑자 (甲子).

월주 (月柱) = 무진 (戊辰).

일주 (日柱) = 갑술 (甲戌).

시주 (時柱) = 경오 (庚午).

일주 갑술(甲戌)의 甲의 습은 기토(己土)다 土을 剋하는 것은 木이다. 木에는 甲陽木과 乙陰木이 있다. 甲陽木부터 지지(地支)의 첫 자인 자(子)부터 자기가 태어난 時까지 세어 나가면 된다. 즉 甲子. 乙丑. 丙寅. 丁卯. 戊辰. 己巳. 庚午時까지 세어 나가면 시주의 간지는 庚午時 임을 알 수 있다.

3. 시.간지의 조견표.

	子	丑	寅	卯	辰	巳	午	未	申	酉	戌	亥
甲己	甲子	乙丑	丙寅	丁卯	戊辰	己巳	庚午	辛未	壬申	癸酉	甲戌	乙亥
乙庚	丙子	丁丑	戊寅	己卯	庚辰	辛巳	壬午	癸未	甲申	乙酉	丙戌	丁亥
丙辛	戊子	己丑	庚寅	辛卯	壬辰	癸巳	甲午	乙未	丙申	丁酉	戊戌	己亥
丁壬	庚子	辛丑	壬寅	癸卯	甲辰	乙巳	丙午	丁未	戊申	己酉	庚戌	辛亥
戊癸	壬子	癸丑	甲寅	乙卯	丙辰	丁巳	戊午	己未	庚申	辛酉	壬戌	癸亥

　조견표를 보고 시간지(時干支)을 찾다보면 시간이 많이 걸리기때문에 왼손의 12마디를 사용하여 표출해 내면 시간도 절약되고 손님도 믿음을 더 갖게 된다. 여기서 子時를 정하는 데는 夜子時와 正子時가 있는데 子시는 밤 11시 00분부터 다음날 새벽 1시까지를 말한다. 그런데 옛날에는 시계가 없어 子시라면 몇시 子시인지 (즉 1일 子시인지 2일 子시인지)를 모르기 때문에 사주 감정하기가 어려웠다. 요즘 시대는 병원에서 출산하기에 날짜나 시간을 알 수 있어 감정하기가 쉽다고 본다. 같은 子시라도 밤 11시에서 12시 子시와 새벽 12시 0분에서 1시 子시는 시.간지가 다르므로 같은 子시라도 정.자시는 甲子가 되고 야.자시는 丙子가 되므로 착오 없길 바란다.

예를 들어, 甲 일주나. 己 일주가. 子시일 경우(甲己-土).

정자시(正子時). (새벽12시 0분부터 1시까지).	야자시(夜子時). (밤11시 0분부터 12시까지).
甲己 – 甲子시	甲己 – 丙子시
乙庚 – 丙子시	乙庚 – 戊子시
丙辛 – 戊子시	丙辛 – 庚子시
丁壬 – 庚子시	丁壬 – 壬子시
戊癸 – 壬子시	戊癸 – 甲子시

이상 여러분은 年 月 日 時을 가지고 사주팔자 내기둥 여덟 글자를 정하는 것을 알았을 것이다. 사주팔자의 간지는 당사자의 운명을 판단하는 기준이 되기에 한 글자라도 틀리게 되면 전혀 다른 운명을 감정하게 된다. 오판 없기를 바란다.

제6절. 사주를 정하는 예.

(예).

= 갑자생(1984년) (음) 3월 20일 오전 8시 30분 출생자.
   년주 (年柱) = 갑자 (甲子).
   월주 (月柱) = 무진 (戊辰).
   일주 (日柱) = 갑신 (甲申).
   시주 (時柱) = 무진 (戊辰).

갑자년(1984년)에는 청명이 음력 3월 4일에 들어 있다.

(예).
= 갑자생(1984년) (음) 12월 18일 오후 3시 30분 출생자.
　년주 (年柱) = 을축 (乙丑).
　월주 (月柱) = 무인 (戊寅).
　일주 (日柱) = 정축 (丁丑).
　시주 (時柱) = 무신 (戊申).

　1984년은 갑자년이다. 입춘은 1985년(을축년)(양) 2월4일에, (음) 12월 15일에 들었음으로 갑자생이라도 절기를 기준하여 을축생으로 사주를 정하게 된다. 참고 바란다.

제7절. 대운간지(大運干支-運命)을 정하는 법.

　사람은 태어나면서부터 년.월.일.시을 지니고 태어난다. 이것을 추명학으로 풀이하면 사주팔자(四柱八子)라 하는데 사주팔자에는 숙명(宿命)과 운명(運命)으로 분리해서 정해지는데 숙명은 타고난 팔자요, 운명은 매년들어오는 운세로서 대운(大運), 세운(歲運-年運), 월운(月運), 일운(日運) 등이 있어 숙명등에 지대한 영향을 주게된다. 숙명을 잘 타고나면 악운이 들어와도 잘 견디어 내고 순운이 오면 발복하여 만사형통이 되나 숙명(타고난팔자)이 나쁘면 악운에서는 병고파재, 손재등이 있고 순운에는 발복은 하나 오래 지속되지 못하는 것을 경험을 통해 많이 보아 왔다.

운명에 운(運)자는 차에 바퀴가 달려서 이리 저리 돌아다니고 있어 우리 눈에는 보이지 않아 언제 어디서 재수를 줄지 또한 재난이나 병고를 당할지 모르는 것이다. 이제는 운명에 대한 대운(大運)의 간지(干支)와 세수(歲數)를 정하는 법을 배우고자 한다. 대운의 간지를 정하는 것은 생월의 간지를 기준하여 정하는 것인데 년간(年干)이 陽에 속한 남자와. 년간이 陰에 속한 여자의 대운은 순행(順行)으로 하고 년간이 陰에 속한 남자와 년간이 陽에 속한 여자의 대운은 역행(逆行)으로 삼아 표출해야 한다.

1, 대운의 간지(大運干支)를 정하는 요령.

양남.음녀(陽男陰女) = 년주(年柱)를 기준하되 월주(月柱)부터 순행(順行)으로 육십갑자(六十甲子)를 세어 가면 된다.

음남.양녀(陰男陽女) = 년주(年柱)를 기준하되 월주(月柱)부터 역행(逆行)으로 육십갑자(六十甲子)를 세어 가면 된다.

예문.

남자. 양년생 (男子陽年生) = 갑자생 (음) 2월 25일 태생은 순행.

年柱 = 甲子.

月柱 = 丁卯. = 戊辰. 己巳. 庚午. 辛未. 壬申. 癸酉. 甲戌.

日柱 = 庚申.

대운은 월주 기준하여 육십갑자를 순행으로 세어 나가면 된다.

남자. 음년생(男子陰年生) = 을축생 (음) 7월 10일 태생은 역행.

年柱 = 乙丑.

月柱 = 甲申. = 癸未. 壬午. 辛巳. 庚辰. 己卯. 戊寅. 丁丑.

日柱 = 丙申.

대운은 월주 기준하여 육십갑자를 역행으로 세어 나가면 된다.

여자. 음년생(女子陰年生) = 을축생 (음) 7월 10일 태생은 순행.

年柱 = 乙丑.

月柱 = 甲申. = 乙酉. 丙戌. 丁亥. 戊子. 己丑. 庚寅. 辛卯.

日柱 = 丙申.

대운은 월주 기준하여 육십갑자를 순행으로 세어 나가면 된다.

여자. 양년생(女子陽年生) = 갑자생 (음) 2월 25일 태생은 역행.

年柱 = 甲子.

月柱 = 丁卯. = 丙寅. 乙丑. 甲子. 癸亥. 壬戌. 辛酉. 庚申.

日柱 = 庚申.

대운은 월주 기준하여 육십갑자를 역행으로 세어 나가면 된다.

운명학(運命學)의 기초편(基礎偏)

2. 대운세수(大運歲數)를 정하는 요령.

대운세수(大運歲數-미래운세의 나이)를 정하는 것은 대운 간지를 정하는 것처럼 순행과 역행으로 정하면 된다. 순행이나 역행이나 10년마다 변하는데 몇 살때 마다 변하는가는 행운의 세수에 의해 정해진다.

남자 양년생과 여자 음년생은 대운의 수를 순행으로 하고 남자 음년생과 여자 양년생은 대운의 수를 역행으로 하여 생일날부터 다음달 절입(節入) 날짜 전까지 세어서 그 일수를 삼분(三分)한다. 즉 3으로 나누어 정한다.

일수를 3으로 나누어 정수를 얻을 수 없을 때는 하루가 남으면 그것을 빼고 이틀이 남으면 3으로 나누어 1를 더 가한다. 즉 일수가 4일이면 행운의 세수는 1이 되고 일수가 5일이면 행운 세 수는 2가된다. 행운 세수가 2가되면 2세. 12세. 22세. 32세. 42세. 52세. 등 순서대로 대운 수를 기록 하면 된다.

예문
남자. 양년생(男子陽年生) = 갑자생 (음) 2월 25일 태생은 순행.

年柱 = 甲子.　　3　　13　　23　　33　　43　　53　　63
月柱 = 丁卯. = 戊辰　己巳　庚午　辛未　壬申　癸酉　甲戌.
日柱 = 庚申.

남자. 음년생(男子陰年生) = 을축생 (음) 7월 10일 태생은 역행.

年柱 = 乙丑.　　　6　　16　　26　　36　　46　　56　　66

月柱 = 甲申. = 癸未　壬午　辛巳　庚辰　己卯　戊寅　丁丑.

日柱 = 丙申.

여자. 음년생(女子陰年生) = 을축생 (음) 7월 10일 태생은 순행.

年柱 = 乙丑.　　　5　　15　　25　　35　　45　　55　　65

月柱 = 甲申. = 乙酉　丙戌　丁亥　戊子　己丑　庚寅　辛卯

日柱 = 丙申.

여자. 양년생(女子陽年生) = 갑자생 (음) 2월 25일 태생은 역행.

年柱 = 甲子.　　　8　　18　　28　　38　　48　　58　　68

月柱 = 丁卯. = 丙寅　乙丑　甲子　癸亥　壬戌　辛酉　庚申

日柱 = 庚申.

이상 대운 세수(大運歲數)는 월주를 기준하여 대운 간지 위에 숫자를 순서대로 적어가면 대운의 세수 즉 운이 들어오는 나이가 된다. 대운 세수는 10년 운으로 감정하는데 천간운 5년 지지운 5년. 또는 천간운 3년 지지운 7년으로 보는 운명 상담자도 있는데 필자의 경험상 천간운 5년. 지지운 5년으로 나누어 감정하는 것이 더 정확하지 않을까 생각이 들어 참고로 기록하오니 많은 연구와 이해를 바란다.

3. 세운 간지(歲運干支-年運)를 정하는 요령.

세운 간지(歲運干支-매년 들어오는 운)을 정하는 것은 만세력이나 달력에 잘 기록되어 있으니 참고하시기 바란다. 즉 2012년은 壬辰년. 2013년은 癸巳년. 2014년은 甲午년. 2015년은 乙未년 2016년은 丙申년 등으로 육십갑자를 세어 나가면 된다.

4. 월운 간지(月運干支)를 정하는 요령.

월운 간지를 정하는 것은 예를 들어 2013년은 癸巳年이다. 天干 癸水의 合은 戊土다 戊癸의 合은 丙火이다. 丙火를 生하는 것은 甲木이다. 甲木을 지지의 寅木(1월달)부터 세어 나가면 1월은 甲寅月이요. 2월은 乙卯月이요. 3월은 丙辰月이요. 4월은 丁巳月이 된다. 사주의 월간지를 정하는 것과 같다. 참고 바란다.

5. 일운 간지(日運干支-日辰)를 정하는 요령.

만세력이나 달력을 보면 매일의 일진이 육십갑자 순으로 기록되어 있으니 참고하시기 바란다. 이상은 기초적인 운명학이기 때문에 꼭 암기해야 하며 이해하기를 바란다. 기초를 모르면 운명을 감정하는데 상당한 어려움이 많으리라고 본다. 독자들의 이해와 연구 바라며 꼭 잘 습득하기 바란다.

제5장 사주(四柱)의 합충과 신살(合冲.神殺).

제1절. 사주의 단식판단(四柱 單式判斷).

사주팔자(四柱八字)를 감정하는 데는 기초적(基礎的)인 것과 단식판단사주(單式判斷四柱). 복식판단사주(複式判斷四柱). 그리고 특수사주(特殊四柱) 등으로 구분해 볼 수 있다. 기초적인 것은 앞장에서 설(說)하였지만 기초를 모르면 단식 복수 특수사주를 감정할 수가 없기 때문에 독자들께서 잘 습득하시기 바란다.

단식판단 사주는 음양오행(陰陽五行). 생극비화(生剋秘禍). 육신(六神) 등의 동태에 의하지 않고 제합(諸合). 제살(諸殺). 신살(神殺) 등으로만 판단하는데 즉 형(刑). 충(沖). 파(破). 해살(害殺)과 천귀(天貴). 금여(金與). 암록(暗祿). 등으로 운명의 길흉(吉凶)을 판단하는 방법이다.

단식판단은 쉽고 간편하여 정확성은 적으나 전혀 근거없는 것은 아니며 나름대로 신비(神秘)한 점도 있다고 생각이 든다. 복식 판단사주는 앞장에서 배운 음양오행과. 생극비화. 육신. 제합. 제살. 용신. 격국. 신강, 신약. 등을 참작하여 운명의 화복과 길흉을 판단하는데 사주 내에 담겨진 부귀(富貴) 빈천(貧賤)과 수요(壽夭) 등에 대한 구체적이고 자세한 운명(運命)을 감정할 수 있는 판단 방법이다.

특수사주는 단식과 복식 판단 외에 특별하게 길격(吉格)과 귀격(貴格) 등을 말하는데 사주가 조금 신비기이(神秘奇

異)하여 운명을 감정하기에 어려움이 많다고 본다. 독자들의 스스로 남다른 재주와 지혜로서 음양의 도(道)에 대한 깊은 연구가 필요하다고 생각이 든다.

제2절. 천간합(天干合)의 관계.

천간(天干-10간) = 甲. 乙. 丙. 丁. 戊. 己. 庚. 辛. 壬. 癸.
　　　　　　　가 있으며 음과 양으로 구분하여 합(合)을 이루게 되는데. 아래와 같다.

천간합(天干合) = 甲 – 己 합은 土 이다 = 중정지합(中情之合).
　　　　　　　乙 – 庚 합은 金 이다 = 인의지합(仁義之合).
　　　　　　　丙 – 辛 합은 水 이다 = 위엄지합(威嚴之合).
　　　　　　　丁 – 壬 합은 木 이다 = 인수지합(仁壽之合)
　　　　　　　戊 – 癸 합은 火 이다 = 무정지합(無情之合)

사주의 년. 월. 일. 시. 의 천간에 상호간 위와 같은 간합이 있을 경우 어떤 운명에 처할 것인가는 각 간합에 의해 다른 운명이 된다.
　* 아래 간합의 설명에 대해서 잘 습득하고 연구있기를 바란다.

1. 갑기합(甲己合)은 土이고 중정지합(中情之合)이라 한다.

자기분수를 알고 마음이 넓고 남을 이해하고 존경받으나 박정하고 의무감이 약하며 간지에 능하기도 한다. 甲木일생이 己土을 만나면 신용있고 남과 화합은 잘하나 지능이 좀 부족한 편이다. 己土일생이 甲木을 만나면 이기적이고 신용이 없고 잔재주가 있으며 사귀어도 덕이 없다. 그러나 여자는 남자가 잘 따른다. 甲己合이 사주에 있으면 재복이 많아 수중에 항상 돈 재물이 생기고 남자는 여자가 잘 따른다.

年柱. 辛巳.	일간 甲木과 월간 己土가 합이 되어 土로
*月柱. 己亥.	변하였다. 甲木에서 볼 때는 土는 재성이다.
*日柱. 甲子.	남녀 다 재복은 있다. 甲에己의 남자는
時柱. 戊辰.	여자가 잘 따르고 己에甲의 여자는 남자가
	잘 따른다.

2. 을경합(乙庚合)은 金이고 인의지합(仁義之合)이라 한다.

과감 강직 대장부 기질이 있고 인정도 있으며 의협심이 강하고 용감하지만 사주 중에 편관(偏官)이나 사절(死絕)이 있으면 용감은 하나 천하고 잔인하고 어질지 못한다. 乙木일생이 庚金을 만나면 예의없고 경솔하고 결단성이 부족하고 남의 말을 잘 듣고 의리보다 강한 세력에 추종하길 좋아한다. 庚金일생이 乙木을 만나면 자비심이 없고 인색하나 사람을 잘 사귀고 타협심이 있다. 남자는 아내나 여자에게는 약해 잘 넘어가고 여자는 억세고 과감하여 가장이 될 수도 있다. 乙庚合이 사주에 있으면 관록(官祿)과 직업운이 좋아 출세 성공 한다.

年柱. 辛酉.	일주 乙木과 시주 庚金이 합이 되어 金으로
月柱. 甲午.	변하였다.
*日柱. 乙丑.	乙木에서 볼때는 金은 관성이 된다.
*時柱. 庚辰.	

3. 병신합(丙辛合)은 水이고 위엄지합(威嚴之合)이라 한다.

위엄은 있으나 냉혹 편굴 잔인 포악하고 인정이 없고 음난 주색 여색을 좋아 한다. 丙日生이 辛金을 만나면 지혜가 있고 총명하여 간지에 능하고 수단이 좋으나 예의가 없고 버릇이 없고 거짓말 사기성 이기적이고 인색한 편이 많다. 辛日生이 丙火을 만나면 남의 마음을 끄는 매력이 있고 누구에게나 친근감이 있으나 귀가 얇고 줏대가 약해 남의 말에 잘 넘어간다. 여자는 남자의 유혹을 많이 받는다. 丙辛합이 사주에 있으면 주색(酒色)을 좋아하고 즐긴다.

*年柱. 辛巳.	일간 丙火가 년간 辛金과 합이 되어 水로
月柱. 己亥.	변하였다. 丙火에서 볼 때는 水는 관성이
*日柱. 丙寅.	된다. 고로 여자는 남자가 잘 따른다.
時柱. 戊子.	

4. 정임합(丁壬合)은 木이고 인수지합(仁壽之合)이라 한다.

감정이 예민하고 자기도취에 빠지고 잘난체하며 질투심 시기심이 강하고 호색 음란색을 좋아 한다. 사.절.도화. 등이 사주에 같이 있으면 음란(淫亂)하여 파가(破家)하고 여자는 만혼하거나 노랑한테 시집간다. 丁日生이 壬水을 만나면 소심하고 질투심이 강하고 신의가 부족하고 키가 크고 몸이 마른 편이고 열등의식있으나 허세를 부린다. 여자는 남성의 유혹에 잘 넘어가며 색정에 빠지기 쉽다. 壬日生이 丁火을 만나면 성질이 급하고 속이 좁고 노하기 잘하고 신의는 없으나 인정이 많아 손해 보기 쉽다. 사람 다루는 수단이 좋다. 丁壬合이 사주에 있으면 교육자(敎育者)가 많다.

年柱. 己卯.	일간 丁火와 월간 壬水와 합이 되어 木으로
*月柱. 壬申.	변하였다.
*日柱. 丁未.	일간 丁火에서 볼 때 木은 인성이 된다.
時柱. 丁未.	

5. 무계합(戊癸合)은 火이고 무정지합(無情之合)이라 한다.

용모는 미남 미녀이나 무정하고 박정하고 인정없고 남에게 진심을 주지 않으며 남자는 결혼운이 좋지않고. 여자는 미남과 결혼을 많이 한다. 무일생(戊日生)이 癸水를 만나면 총명하고 다정하며 근면 성실하나 무정하고 냉정하며 인정이 없다. 계일생(癸日生)이 戊土를 만나면 지능이 낮고 질투심이 많고 의심 많고 인내심이 부족하여 용두사미(龍頭蛇尾)가 될 수 있다. 戊癸合이 사주에 있으면 자동차사업(自動車事業)이 길하다.

年柱. 戊寅.　　일간 癸水와 시간 戊土와 합이 되어 火로

月柱. 丙辰.　　변하였다. 일간 癸水에서 볼 때 火는

*日柱. 癸巳.　　재성이 된다.

*時柱. 戊午.

제3절. 천간충(天干沖)의 관계.

천간에는 = 甲 乙 丙 丁 戊 己 庚 辛 壬 癸가 있는데 서로
적대관계로 충살(沖殺)을 이루고 있다.

1. 천간충의 작용.

甲 - 庚. 沖 = 庚金은 甲木을 만나면 지옆과 근을 마르게
한다.

乙 - 辛. 沖 = 辛金이 乙木을 만나면 뿌리를 잘라버린다.

丙 - 壬. 沖 = 壬水가 丙火을 만나면 검은 연기로 광채를
없게 한다.

丁 - 癸. 沖 = 癸水는 丁火을 보면 찬란한 불빛을 자멸케
한다.

戊 - 己. 沖 = 특히 라이벌이 많아 경쟁이 심하고 정서가
불안하다.

2. 천간반충(天干半沖)의 작용.

甲 - 戊 = 戊土가 甲木을 보면 山 사태를 막아 오히려 복
이 된다.

乙 - 己 = 원래의 선을 손상 당한다.

丙 - 庚 = 싸울수록 악운이 흩어진다.

丁 - 辛 = 서로가 해를 준다.

壬 - 戊 = 戊土는 壬水를 통하지 못하게 하여 水는 자멸
한다.

이상은 천간충과 반충으로서 사주 구성상 신강이냐 신약
이냐에 따라 다르지만 질병 부상 관재 등의 재앙이 따르고
성패가 자주있고 항상 투쟁 경쟁의식이 있고 양극단적(兩
極端的)인 운세가 작용되며 운명적 길흉은 영향력이 미약
하나 모든 일에 적극적이고 투쟁 모험적이라 성패 또한 양
극을 이루게 된다.

제4절. 지지합(地支合)의 관계.

1. 지지합(地支合)에는 육합(六合). 삼합(三合). 방합(方合).이 있다.

六合	三合	方合
子 - 丑 = 土	寅 - 午 - 戌 = 火	寅 - 卯 - 辰 = 木
寅 - 亥 = 木	巳 - 酉 - 丑 = 金	巳 - 午 - 未 = 火
卯 - 戌 = 火	申 - 子 - 辰 = 水	申 - 酉 - 戌 = 金
辰 - 酉 = 金	亥 - 卯 - 未 = 木	亥 - 子 - 丑 = 水
巳 - 申 = 水		
午 - 未 = 火.土		

천간은 줄기에 해당하고 지지는 근(根)에 해당하며 습이나 沖의 영향은 천간보다 지지가 더 크게 작용한다. 사주상 합은 좋은 운명이고 살은 나쁜 운명이라 할지라도 필자의 경험상 사주의 구성에 따라 합도 나쁜 운일 수도 있고 살도 좋은 운일 수도 있다. 육합이건 삼합이건 방합이건 합은 좋아하는 것끼리 화합 단합을 이루는데 비유하나 육합 삼합 방합은 차이가 많이 있으므로 독자들의 많은 연구가 필요하리라 본다.

지지합이 있으면 사교술에 능하고 붙임성 애교 애정 다정 다감한 점도 있다. 남자는 합이 많으면 사교술에 능하여 외교관이나 서비스업이 좋으며, 여자는 합이 많으면 다정하여 음명(淫命)이 되고 제 멋대로 행동한다. 사주 내에 합이 많으면 넘여 다 사랑통에 죽어난다.

2. 사주의 4기둥 설명.

년.간지 (年干支) = 조상(祖相) 궁이요 사회의 구성원이요.

월.간지 (月干支) = 가정궁(家庭宮)에 부모(父母) 형제(兄弟) 친구(親舊).

일.간지 (日干支) = 干은 일신궁(一身宮)이요 支는 배우자궁(配偶者宮).

시.간지 (時干支) = 자식(子息) 말년운(末年運)을 보는데.

年.月.日.時支의 관계를 보아 사주구성과 신살관계를 참작하여 운명의 길흉을 가늠해 보아야 할 것이다. 그리고 지와 월지는 초년운(初年運)에 해당하고, 월지와 일지는 중년운(中年運)에 해당하며, 일지와 시지는 말년(末年)과 자식운에 해당하니 운명 감정시 참고 바란다. 년지와 월지가 合이면 조상과 부모와 초년에 인연이 있어 조상의 유업을 지킨다하겠다. 년지와 일지가 合이면 나와 부모와 조상과 인연이 깊어 덕이 있다하겠고, 월지와 일지가 合이면 부모 형제 자매 처자와 뜻이 맞다하겠고, 일지와 시지가 合이면 처자와 말년이 좋은 운명이라 추리해 볼 수 있다. 지지의 合과 殺은 사주 구성에 따라 운명을 감정하는데 조금씩 다르기 때문에 독자들의 경험이 상당히 필요함을 요한다.

제5절. 지지충(地支沖)의 관계.

1. 삼형살(三刑殺).

(1). 인사신(寅巳申)의 삼형(三刑)을 지세지형(持勢之刑)이라 한다.

인사(寅巳). 사신(巳申). 인신(寅申).을 반형(半刑)이라 한다. 寅巳申이 사주에 있으면 자기세력(自己勢力)만 믿고 고집 부리다가 망하고 좌절하기 쉽고 관액(官厄) 형액(刑厄) 구설(口舌) 사고(事故) 다치고 아프고 수술하고 심하면 형무소 가고 부부간 이별수에 공망수도 있다. 日干을 기준하여 장생(長生) 건록(建祿) 제왕(帝旺)을 만나면 성격이 과감하고 용맹하여 출세와 권세를 얻으며 사(死) 절(絶)이 있으면 비굴하고 교활하며 권세는 커녕 재앙(災殃)과 횡액(橫

厄)이 따른다. 여자는 특히 고집(固集)으로 망(亡)하고 가정운(家庭運)이 불길하고 고독하며 재앙이 따른다.

(예).

年柱. 壬寅. 여자 사주이다. 연월일지에 寅巳申이 있다.

月柱. 乙巳. 딸 하나에 남편이 수년전에 중풍으로

日柱. 庚申. 남자구실을 못하고 있다.

時柱. 庚辰

(2). 축술미(丑戌未)의 삼형(三刑)을 무은지형(戊恩之刑)이라 한다.

축술(丑戌). 술미(戌未). 축미(丑未).을 반형(半刑)이라 한다. 丑戌未가 사주에 있으면 냉혹 냉정하고 친구나 은인을 해치고 남을 배반하고 남의 일을 해주고 욕먹고 인덕도 없는 운명이라 하겠다. 死나 絶이 있으면 은인을 원수로 갚고 배반 반역할 마음이 있으며 교통사고나 다치고 수술할 운명이다. 여자는 임신중 (姙娠中) 곤액(困厄) 있다.

(예).

年柱. 乙未. 남자 사주로서 년지 일지 시지에 丑戌未가

月柱. 甲申 있다. 남자는 별 직업이 없고 여자는 동네에서 슈퍼를 하는데, 남편은

日柱. 癸丑. 수년전에 암이 걸려서 치료중이다.

時柱. 壬戌. 요즘은 의술 약이 좋아 수명이 길어졌다고 본다.

(3). 자묘(子卯)의 삼형(三刑)은 무예지형(無禮之刑)이라 한다.

子卯가 사주에 있으면 성질이 포악하고 예의가 없고 다정다감 한점도 없으며 死나 絶이 있으면 육친을 해치고 포악성이 강하다. 여자는 남편(男便)과 자식(子息)과도 화목하지 못하고 재복도 없다. 자묘형살(子卯刑殺)이 있으면 집안이 항상 시끄럽다

(4). 진진(辰辰) 오오(午午) 유유(酉酉) 해해(亥亥)의 삼형(三刑)은 자형(自刑)이고 한다.

자형(自刑)이 사주에 있으면 독립심과 열성이 부족하고 의지가 약하고 고집이 세고 내심은 고약하고 死나 絶이 있으면 천박하고 생각이 둔하고 심하면 불구자가 될 수 있다. 일지나 시지에 있으면 처자덕(妻子德)이 없다. 천을귀인(天乙貴人)을 만나면 법관출세(法官出世) 할수 있고 형사법(刑司法) 계통에 적합하고 의약업(醫藥業)에도 적합하다.

2. 상충살(相沖殺) = 지충(支沖) 또는 육충(六沖) 이라고도 한다.

(子-午. 丑-未. 寅-申. 卯-酉. 辰-戌. 巳-亥.)

사주에 상충이 있으면 서로 충돌한 관계로 화합이 아닌 분리한 상태로 안전한 기술직과 직업이 필요하다. 생년과 생월이 충하면 타향(他鄕)살이 조상의 가업을 지속하지 못하고 사업 풍파가 심하고 조혼하면 남녀 공히 이별수가 있

다. 생월과 생일이 충하면 부모 형제 자매가 동거를 못하고 여자는 시집 식구와 인연이 없고 부모 남편과도 불화 한다. 생일과 생시가 충하면 처는 남편을 극하고 남편은 처를 극하고 자식하고도 화목하지 못하고 건강도 주의해야 한다. 시지가 일지를 충극하면 자식이 불효하거나 말성을 부린다. 천간이 동일하고 지지가 충극일 때 마음 고생이 많고 조상의 업을 지키지 못한다.

(예).

甲寅. 甲申. 천간 甲은 동일하고 지지 寅申은 충극이다.

충극이 공망이나 합이 되면 화(禍)가 복(福)이 될 수 있다.

충살은 여자에게는 재가살(再嫁殺) 이라고도 한다.

* 상충살(相冲殺)의 상호 작용.

子-午冲 = 일신이 항상 불안하고 처음은 잘 되어가는 일도 중간에 실패하고 건강운도 흉하다.

丑-未冲 = 매사 되는 일이 없고 연기되고 오래가지 못한다.

寅-申冲 = 다정다감하며 매사 일이 잘 되는 수도 있다.

卯-酉冲 = 친한사람을 배반 하고 항상 근심 걱정있고 인덕이 없고 되는 일이 없다.

辰-戌冲 = 고집으로 망하고 풍상이 있고 평생 고독하게 지낼 수 있고 여자는 가정운이 나쁘고 평생 외롭다.

巳-亥冲 = 타향살이 파란 많고 남의 일로 걱정하고 이사도 자주 한다.

3. 파살(破殺).

(子-酉. 丑-辰. 寅-亥. 卯-午. 巳-申. 戌-未.)

헤어진다. 이별한다. 실패한다. 파괴 한다는 뜻이 있다. 년지와 월지는 조상이나 부모의 재산을 다 없앤다. 양친(兩親)을 일찍 이별(離別). 사별(死別)하고 유산도 없애고 사업도 부진하고 타향살이 떨어져 살아야 한다. 월지와 일지는 처궁(妻宮)이 나쁘고 처자(妻子)와 부모의 인연(因緣)이 박하고 가정운도 불리하다. 일지와 시지는 자식(子息)과 인연이 박하고 자식 때문에 재산 날릴 수 있고 말년(末年)도 불길(不吉) 할 수 있다. 일지 파은 일신 고독하고 처자와 인연박하고 건강 수술 등이 있다.

4. 해살(害殺).

(子-未. 丑-午. 寅-巳. 卯-辰. 申-亥. 酉-戌.)

다치고 아프고 수술(手術)등이 있고 사회적(社會的) 덕이 없고 가족(家族)에 질병(疾病)이 있고 해살이 이중이고 심하면 무속(巫俗)이나 승려(僧侶)가 될 수 있다. 월지와 일지의 해살(害殺)은 부모. 형제. 자매. 처덕이 없고 고독(孤獨)하게 지낼 수 있다. 일지와 시지의 해살은 말년에 남편. 처. 자식의 운(運)이 나쁘고 질병도 있을 수 있다. 인사해(寅巳害)가 이중(二重)이면 불구 폐질병(肺疾病)이 있다.

5. 공망(空亡).

(1). 甲 乙 丙 丁 戊 己 庚 辛 壬 癸. (공망) 子 丑 寅 卯 辰 巳 午 未 申 酉. = 戌亥.	
(2). 甲 乙 丙 丁 戊 己 庚 辛 壬 癸. 戌 亥 子 丑 寅 卯 辰 巳 午 未. = 申酉.	
(3). 甲 乙 丙 丁 戊 己 庚 辛 壬 癸. 申 酉 戌 亥 子 丑 寅 卯 辰 巳. = 午未.	
(4). 甲 乙 丙 丁 戊 己 庚 辛 壬 癸. 午 未 申 酉 戌 亥 子 丑 寅 卯. = 辰巳.	
(5). 甲 乙 丙 丁 戊 己 庚 辛 壬 癸. 辰 巳 午 未 申 酉 戌 亥 子 丑. = 寅卯.	
(6). 甲 乙 丙 丁 戊 己 庚 辛 壬 癸. 寅 卯 辰 巳 午 未 申 酉 戌 亥. = 子丑.	

공망(空亡)이란 빌 공에 망할 망. 즉 재물이나 권세(權勢)나 모든 것이 비어서 없어진다는 뜻이며 허무(虛無)하고 무상(無想) 하다는 뜻이기도 하다. 사주상 일주를 기준해서 어느 지지에든 공망이 있으면 불리한 운명이라 볼 수 있다.

년지가 공망이면 조상이 무의미하고 사업 상업 직업 등

초년운이 불리 하다고 본다. 월지가 공망이면 부모 형제 가족 친구 등의 덕(德)이 없다고 본다. 시지에 공망이면 자녀가 없거나 있어도 불길하고 수명(壽命). 건강운(健康運)이 불길하다. 년지 월지 시지가 전부 공망이면 오히려 귀(貴)하게 볼수 있다. 년주 기준하여 일지가 공망이면 처(妻)의 내조가 없거나 부실하거나 덕이없다고 본다. 공망이 합이나 충이되면 작용력이 약하다고 본다. 길신(吉神)을 空하면 효력이 없고 흉신(凶神)을 空하면 흉신이 없어진다.

대운은 공망을 보지 않는다. 일주 기준해서 戌亥가 공망이면 서북(西北)간 일이 잘 안된다. 사주에 공망이 있는데 대운 세운에서 공망이 오면 해소가 된다.

6. 양인살(羊刃殺) - 일간 기준.

(甲 乙 丙 丁 戊 己 庚 辛 壬 癸
  卯 辰 午 未 午 未 酉 戌 子 丑)

양인이란 양일간에만 해당하는 것으로 보지만 신살법에서는 음양간을 막론하고 다 해당하는 것으로 본다. 그러나 음일간은 작용력이 좀 약하다고 본다. 양인의 특성은 형벌 황폭 괴걸 열사 등 곤액이 있으나 군인 경찰 의사 간호사 등은 출세할 수 있다. 년지의 양인은 조상의 유산도 없애고 가사탕진 하고 초년운도 불길 하다.

월지의 양인은 형제간에 재산 다툼이 있고 인정이 없다. 일지에 丙午 丁未 壬子 癸丑生은 작용력이 약하나 부부궁이 나쁘고 이별수가 있다. 시지의 양인은 처자운이 나쁘고 말년에 재산 실패가 있다. 양일생에 양인이 많으면 특히 재운이 없고 남녀 부부궁이 나쁘고 사업에 라이벌이 많고 신체상 흉터가 있고 벙어리 소경 농아등이 될 수 있고 인생행로에 파란 곡절이 많다. 여자는 지나치게 음욕을 탐한다. 신강사주는 나쁘고 신약사주는 길 할수 있다.

7. 비인살(飛刃殺) - 일간 기준.

$$
\begin{array}{cccccccccc}
甲 & 乙 & 丙 & 丁 & 戊 & 己 & 庚 & 辛 & 壬 & 癸 \\
酉 & 戌 & 子 & 丑 & 子 & 丑 & 卯 & 辰 & 午 & 未
\end{array}
$$

비인살은 양인과 비슷하나 강렬하지 못하고 양인보다 약하며 모험을 좋아 하다가 파가 하고 유두무미(有頭無尾)격이라 시작은 잘되지만 결과는 실패하는 수가 있다.

8. 괴강살(魁罡殺) - 사주내 어디든

$$
\begin{array}{cccccccccc}
甲 & 甲 & 丙 & 丙 & 戊 & 戊 & 庚 & 庚 & 壬 & 壬 \\
辰 & 戌 & 辰 & 戌 & 辰 & 戌 & 辰 & 戌 & 辰 & 戌
\end{array}
$$

위는 모두 괴강에 해당하나 작용력이 가장 강한 것은.

연해자평 = 庚 庚 壬 壬. 　**명리정종** = 庚 庚 戊 壬.
　　　　 辰 戌 戌 辰.　　　　　 　 辰 戌 戌 辰.

위의 연해자평이나 명리정종의 괴강이 가장 작용력이 강한 것으로 취급되고 그 외의것은 준 괴강으로 취급하고 있다. 모든 사람을 제압하는 살로서 대부귀하고 총명하나 한편으로는 살생 극빈 재앙 등 길흉(吉凶)이 극단적인 살로도 취급된다. 괴강은 사주에 여러게 있으면 오히려 권세와 부귀를 누릴 수 있다고 본다. 괴강이 刑.冲.破.害.되면 수명 건강 불구 관청 구설 시비 사고등 화(禍)를 면하기 어렵다.

남자는 결백하고 자기를 추켜 세우고 년주의 괴강은 거짓 허풍이 많다. 여자는 아름다우나 고집이 세고 자존심이 강하여 이혼하거나 과부가 되기 쉬우나 재취로 가면 잘살며 독신자는 출세도 하나 질병도 따른다.

일주와 시주의 괴강은 더욱 심하다. 일주 괴강이고 타주에 또 있고 격국이 좋으면 대권을 잡을 수 있다. 일주에 괴강이 있으면 정직하고 청렴결백하고 이론에 능하며 뱃심도 있고 똑똑하며 모험도 좋아하고 통솔력도 있다.

9. 금여(金輿) - 일간 기준.

(
甲 乙 丙 丁 戊 己 庚 辛 壬 癸
辰 巳 未 申 未 申 戌 亥 丑 寅
)

금여는 온순 유순 온화 음덕 재치 총명 절개가 바르고 용모 단정하여 사람들의 존경을 받으며 남녀 막론하고 좋은 배우자을 만난다. 남자는 머리가 좋아 발명가가 되고 처가의 도움도 있다. 일지와 시지에 있으면 배우자를 잘 만나고 일가 친척의 덕이 있고 자손도 창성하고 귀인이 될 인물이다. 여자는 얼굴이 아름답고 정조도 강하다. 刑 冲 破 害 空亡 이면 작용력이 약하다.

10. 암록(暗祿) - 일간 기준.

> 甲 乙 丙 丁 戊 己 庚 辛 壬 癸.
> 亥 戌 申 未 申 未 巳 辰 寅 丑.

암록이 사주에 있으면 한평생 재물이 많고 귀인의 도움도 있다. 머리가 총명하고 남모르는 복이 많고 인덕도 있다. 궁합 택일할 때 많이 사용한다. 刑 冲 破 害 空亡이면 작용력이 약하다.

11. 천을귀인(天乙貴人) - 일간 기준.

> 甲 乙 丙 丁 戊 己 庚 辛 壬 癸.
> 丑未 子申 亥酉 亥酉 丑未 子申 丑未 寅午 巳卯 巳卯.

천을귀인은 길신 중에도 가장 좋은 길신으로서 사람이 유순하고 고귀한 인품이 있고 어려운 일을 당해도 우연히 구제를 받게 되고 나쁜 일을 당해도 그것이 계기가 되어 좋은 일로 전화위복이 될 수 있다. 지혜 총명 인덕 귀인의 도움이 많다.
왕성한 12운성(十二運星)과 같이 있으면 한평생 복이 많고 약한 12운성은 복이 조금 약하다. 귀인이 괴강과 동주하면 경우 밝고 존경받으며 건록과 동주하면 글 잘하고 좋은 직업도 갖는다. 사주에 귀인이 많으면 격국구성 불문하고 부귀영화를 누린다. 대운에서도 귀인을 만나면 의미가 좋다. 역마와 동주시 외지나 타국에 나가서 살면 성공한다. 귀인이 간합되면 사회에 신용을 얻고 출세가 빠르고 한평생 형별도 없다. 귀인은 刑 冲 破 亥 空亡이면 한평생 노고가 많다.

* **일귀에 해당하는 날은.**

丁　丁　癸　癸

酉　亥　巳　卯 일 이다.

여기에서 死 絶 墓 란 단어가 나오는데 이것은 12운성의 술어인데 12운성은 다음 장에서(六神偏) 배우게 될 것이니 양해하시기 바란다.

12. 장성(將星) – 일지.년지. 기준.

寅午戌.　巳酉丑.　申子辰.　亥卯未.

午　　酉　　子　　卯

문.무 겸비 높은 벼슬 관직으로 출세한다. 편관이나 양인이 동주하면 살생지권 법조계 진출 재성과 동주시 국가 재정 담당 할수. 장성 화계 동주시 지혜문장 특출하여 많은 사람 존경 받는다.

13. 천덕귀인.월덕귀인(天德.月德貴人) – 생월 기준.

월지기준 –	寅	卯	辰	巳	午	未	申	酉	戌	亥	子	丑
천덕귀인 –	丁	申	壬	辛	亥	甲	癸	寅	丙	乙	巳	庚
월덕귀인 –	丙	甲	壬	庚	丙	甲	壬	庚	丙	甲	寅	庚

사주에 천.월덕이 있는 사람은 생애가 비교적 순탄하다. 귀인이 일.시지에 있고 刑.冲.破.亥.空亡.되지 않으면 일생 큰 재난이 없다.

여자는 귀인이 사주에 있으면 유순 온순 정조 관념이 강하고 현모양처 팔자에 가정운도 순탄하고 산액도 없다. 천덕은 하늘의 도움있고, 월덕은 땅의 도움이 있고 조상의 음덕도 있다. 천.월덕이 날에 있으면 이사 계업 결혼운도 좋다.

길한 사주는 더 길하고 흉한 사주는 감해주며 한평생 도난 형벌 사고 등이 없다. 일주에 천.월덕이 되면 천우신조(天佑神助)가 되며 재(財)와 동주시 부자가 되고 관(官) 동주시 관직으로 출세한다. 천.월귀가 형.충.파.해.공망.이면 길조는 사라지고 여자는 정조관념이 없어 재혼(再婚) 하거나 바람을 피운다.

14. 화개(華蓋) - 일지.년지. 기준.

(
寅午戌.　　巳酉丑.　　申子辰.　　亥卯未.
戌　　　　　丑　　　　　辰　　　　　未
)

　사주에 화개가 있으면 총명하고 지혜가 있고 문장 예술 방면에 능하고 종교인 의사 역술인(易術人) 등이 길하다. 화개와 인수가 동주시 큰 학자가 되며 성격은 낭만적이다. 일지 화개는 도인이나 승려가 되고 많으면 더 확실하다. 화개가 공망이면 총명하고 재주가 있으나 출세하지 못해 승려의 길이 더 길하다. 月.日.時支 가운데 화개가 있으면 신앙심이 두텁다. 여자는 화개가 많고 역마(驛馬)와 동주하고 혼탁하면 화류계나 고독한 팔자이다. 남녀를 막론하고 예능으로서 인기를 얻으려면 반드시 화개가 있어야 한다.

15. 역마(驛馬) - 일지.년지. 기준.

(
寅午戌.　　巳酉丑.　　申子辰.　　亥卯未.
申　　　　　亥　　　　　寅　　　　　巳
)

　역마는 이사 변동 해외 등 동분서주하며 옛날에는 풍상이 많은 살로 생각했으나 현대에는 오히려 길신으로 통할 수 있다. 역마가 많으면 평생 동분서주하며 주거가 불안하고 일지 역마는 분주 다산하다. 역마가 공망이면 주거가 불안하고 초년 노년은 조금 불리하다. 역마가 도화(함지)와 동주하면 풍류객이고 刑.冲.동주 하면 객사할 수 있다.

남자는 역마가 정재(正財)에 해당하면 현처와 재물을 얻고, 여자는 관성(官星)과 동주시 고관 부인이 될 수 있다.

16. 도화살(桃花殺) - 일지.년지. 기준.

寅午戌.	巳酉丑.	申子辰.	亥卯未.
卯	午	酉	子

도화살(桃花殺)을 함지살(咸池殺) 목욕살(沐浴殺) 패살(敗殺) 년살(年殺)이라고도 한다. 색(色)을 좋아하는 신살(神殺)로서 이성을 이끄는 매력이 있다. 일지에 도화가 있으면 남녀 풍류 즐기고 간부 또는 유첩하게 되며 관성이면 처가덕(妻家德)으로 치부하기도 한다. 일지와 시지에 있으면 주색(酒色)으로 패가망신을 한다. 도화가 재성과 동주하면 몸 주고 돈 벌고, 겁재와 동주하면 몸 주고 재산도 다 없앤다. 술장사 다방 여관 등 장사는 길하지만 굴곡이 심하고 속전속패한다. 일주를 주동해서 대소운(大小運)에 도화가 오면 관직자(官職者)는 비밀(秘密)이 탄로 나고 평인은 주색풍파(酒色風破) 있다. 공망은 기뻐하고 형합(刑合)은 꺼린다.

17. 고신.과숙(孤辰寡宿) - 일지.년지 기준.

	寅卯辰	巳午未	申酉戌	亥子丑
고신 -	巳	申	亥	寅
과숙 -	丑	辰	未	戌

남자는 고신살 여자는 과숙살에 해당한다. 처자를 극하고 상부 상처하고 부부 이별수 등이 있다. 일지나 시지에 있으면 승려(僧侶) 생활도 길하다. 과숙과 화개가 동주하면 남녀 다 중될 팔자이다. 과숙과 역마가 동주하면 타향서 방탕하고 도화와 동주하면 기생 팔자이다. 주로 여자에게 해당하는 살로서 과부살이나 만혼하거나 재취로 가면 면한다. 년지나 월지의 과숙은 초년에 가정을 떠나 부모 이별수 있고 고독하게 지내는 신세이다. 생일 생시에 고신 과숙이 있으면 남녀 부부 이별수 있고 육친(六親)의 덕이 없으며 자식이 불효하고 말년은 고독하게 지낼 수 있다.

18. 수옥살(囚獄殺) - 일지.년지 기준.

寅午戌	巳酉丑	申子辰	亥卯未.
子	卯	午	酉

옥살(獄殺)이 하는 살로서 교도관 직업이 좋고 타 직업도 무방하다. 납치 감금 포로 운동권 양심수 등 시지에 있으면 말년에 형액이 있다. 刑.冲.破.害.空亡.이면 해소된다.

19. 백호대살(白虎大殺) - 사주 중 어누주에나.

甲	乙	丙	丁	戊	壬	癸
辰	未	戌	丑	辰	戌	丑

사주중 어느 곳이에 있어도 이에 해당한다. 백호는 사람을 상하게 하는 살로서 교통사고 횡사 객사 불구 사망 극단적인 살로서 월주와 일주는 강하고 확실하다. 년주 월주는 조상 부모 형제등이 악사 객사 등이 있고 특히 월주는 작용력(作用力)이 강하다. 일주는 부부간에 작용력이 강하고 시지는 자식간 작용력이 강하다.

육신(六神)으로 볼 때 남녀 다 편재는 부친. 인수는 모친. 상관은 조모 외가이고 비겁은 형제 자매. 남자는 관성은 직업과 자식이요. 식신은 장모 장인이요.여자는 관성은 남편이요. 식상은 자식으로 보아 흉살로 추리한다. 백호살 사주는 목축업은 불리하다.

20. 원진살(怨嗔殺) – 일지.년지 기준.

子–未. 丑–午. 寅–酉. 卯–申. 辰–亥. 巳–戌.

원진이란 서로 미워하고 싫어하고 싸우기 잘하고 조금한 일에도 성질 잘내고 부부이별(夫婦離別)수도 있다. 원진이 사주 내에 있는데 대운(大運) 세운(歲運)에서 원진이 오면 더 큰 해(害)를 볼 수 있다. 여자 사주에 원진이 있으면 음성이 크고 성질이 고약하고 간부두고 간음 간통하기 쉽고 자기보다 천한 사람과 사통하고 불효 불구 자녀(子女)도 둘 수 있다. 원진은 신경성 불평 불만 불구 폐질 단명하기도 한다. 상관이 원진이면 욕을 잘하고 독설로서 속과 겉이 다르며 항상 노하기를 잘한다. 일지나 시지에 원진이 있으면 자녀로 인해 근심 걱정이 있고 부부 이별수도 있다. 원진은 합이나 공망이 되면 살이 감소된다. 사주에 원진이 있으면 조혼하면 실패하여 재혼수가 있으며 간부를 두는 경우가 많다.

※ 참고 - (띠끼리 서로 싫어함)

子 - 未 = 서기양두각(鼠忌羊頭角) = 쥐는 양의 뿔을 싫어 한다. 쥐는 양의 배설물이 털에 닿으면 빠진다. (土극水).

丑 - 午 = 우증마불경(牛증馬不耕) = 소는 말이 논밭 갈기를 하지 않는 것을 시기하며. 원진.오귀.귀문살이 되고 신명기가 있어 무당. 박수. 철학가가 될 수도 있다. (火생土).

寅 - 酉 = 호증계취단(虎증鷄嘴短) = 범은 닭의 부리가 짧다고 미워하여 잡아 먹다가 닥의 부리가 범의 목에 걸려 고생한다는 뜻이 있다. (金극木).

卯 - 申 = 토원후불평(兎怨猴不平) = 토끼는 원숭이 허리가 굽은 것을 미워하고 원숭이 목소리가 시끄러워 도망친다. (金극木).

辰 - 亥 = 용혐저면흑(龍嫌猪面黑) = 용은 돼지 얼굴이 검다고 싫어한다.(土극水).

巳 - 戌 = 사경견폐성(蛇驚犬吠聲) = 뱀은 개 짖는 소리를 싫어한다. 뱀은 청각이 발달하여 시끄러운 소리를 싫어한다. (火생土).

21. 상문살(喪門殺)과 조객살(弔客殺) - 매해년 기준.

```
해년 - 子 丑 寅 卯 辰 巳 午 未 申 酉 戌 亥
상문 - 寅 卯 辰 巳 午 未 申 酉 戌 亥 子 丑
조객 - 戌 亥 子 丑 寅 卯 辰 巳 午 未 申 酉
```

상문은 집에서 초상이 일어난 것을 말한다. 태세 운때 상문방으로 문상이나 위문을 가면 질병 손재가 생긴다. 상문이나 조객이 있어 충을 하는 년이 오면 복을 입게 된다. 초상집에 갔다 상문이 들면 상문풀이로 예방할 것이며 심하면 질병이 들어 사망까지 하게 된다. 조객은 근친 중에 상문을 같이 가는 일이 생긴다.

22. 문창성(文昌星) - 일간 기준.

```
甲 乙 丙 丁 戊 己 庚 辛 壬 癸
巳 午 申 酉 申 酉 亥 子 寅 卯
```

지혜 총명 문장 글 재주가 있고 풍류도 즐긴다. 식상(食傷)과 같이 있으면 두뇌명석(頭腦明晳)하다. 시지에 문창이 있으면 자식 중에 학문으로 출세한다. 刑.冲.破.害.空亡.이면 매사 되는 일이 없다.

23. 관귀학관(官貴學官) - 일간 기준.

```
甲 乙 丙 丁 戊 己 庚 辛 壬 癸
巳 巳 申 申 亥 亥 寅 寅 申 申
```

공부 잘 하여 벼슬길에 오른다.

벼슬길에 들면 빨리 승진 하고 출세한다.

24. 문곡귀인(文曲貴人) – 일간 기준.

甲	乙	丙	丁	戊	己	庚	辛	壬	癸
亥	子	寅	卯	寅	卯	巳	午	申	酉

두뇌가 총명하고 글 재주 있고 학문으로 출세 이름을 날린다. 문장력이 있어 사후에 역사적인 인물이 된다.

25. 학당귀인(學堂貴人) – 일간 기준.

甲	乙	丙	丁	戊	己	庚	辛	壬	癸
亥	午	寅	酉	寅	酉	巳	子	申	卯

총명하고 학문 글 재주 있어 선생 교수 학장 등 요직으로 출세한다.

26. 홍염살(紅艶殺) – 일간 기준. = 홍증살(紅憎殺) 이라고도 한다.

甲	乙	丙	丁	戊	己	庚	辛	壬	癸
午	午	寅	未	辰	辰	戌	酉	子	申

도화살과 같아서 호색 다음하여 이성을 유혹시키는 매력

이 있다. 여성은 특히 요염하고 섹시하고 애교가 있어 남성들을 반하게하는 유혹적인 매력이 있고 미모가 없더라도 남성을 끄는 어떤 힘이 있다. 주로 연예인 예술 예능 등 매력 있는 인기 직종이 적합하다. 화려하고 사치하고 돈 쓰기를 좋아 한다. 부부간의 생활은 순탄치 못하다.

27. 육수(六秀) - 일주 기준.

$$丙 丁 戊 己 戊 己$$
$$午 未 子 丑 午 未$$

일주에 육수가 있으며 재주있고 총명하고 똑똑하고 글 재주도 있다. 재능이 있어 음악 미술 예술 글 재주있고 운동 등 특기 있는 사람이 많다. 다만 너무 약삭 빠르고 의심이 많고 이기적인 경향이 있다.

28. 귀문관살(貴門關殺) - 일지.년지. 기준.

$$子 丑 寅 卯 辰 巳. 午 未 申 酉 戌 亥.$$
$$酉 午 未 申 亥 戌. 丑 寅 卯 子 巳 辰$$

신경쇠약 정신질환 배우자 변태 귀신병으로 본다. 가정에 신들린 사람이 있다. 즉 부모 형재 조부.모 등이 신들리지 아니 했으면 자신이 신들려서 무당이나 박수 팔자가 되며, 성직자로 승려 목사 신부 도인 등이 있다. 귀신이 문 앞에서 해을 준다는 뜻으로 기도를 열심히해야 한다. 일지와 시지는 강하여서 의처증 의부증 의심증이 있다. 사당 묘지 음산한데는 가지말 것이며 무당 박수 팔자다.

29. 오귀살(五貴殺) – 일지.년지 기준.

(寅午戌　巳酉丑　申子辰　亥卯未
卯辰　　丑午　　酉戌　　子丑)

귀신이 붙어 다닌다는 살로서 부부 이별수 있고 항상 떨어져 살고 질병 손재 파산 재난 등이 있다. 가정에 평지풍파 우환 질병 관재 구설 손재 등이 있다. 동.서.남.북.중앙.에 자리 잡고 있어 방에 들어가도 어느 곳에서도 서 있거나 앉아 있을 곳이 없어 항상 불안한 상태이다.

30. 병신살(病身殺) – 사주 중 어느 곳이나.

(乙 乙 己
巳 未 巳)

일주나 시주에 있으면 병신이 된다는 살이다. 월주나 시주에 다 있으면 더욱 강하다.

31. 육해살(六害殺) – 년지 기준.

(寅午戌　巳酉丑　申子辰　亥卯未
酉　　　子　　　卯　　　午)

부모 처자와 인연이 박하고 고독하며 일생 재복이 없다. 육해살이 다른 흉신과 겹치면 타인 때문에 크게 실패한다. 사주 구성이 나쁘면 중이 될 팔자이다. 생일과 생시에 모두 있으면 아내가 살다 도망간다.

32. 활인성(活人星) - 월지 기준.

(寅 卯 辰 巳 午 未 申 酉 戌 亥 子 丑
丑 寅 卯 辰 巳 午 未 申 酉 戌 亥 子)

사람의 질병(疾病)과 고통을 제거하는 신(神)으로서 의술업(醫術業)에 종사하면 좋다. 사람의 생명을 구제해 주는 한의사 의사 약사 간호사 특히 종교생활 (宗 敎生活)에 종사하면 좋다.

33. 일록(日祿) - 일지만 해당.

(甲 乙 庚 辛
寅 卯 申 酉)

일주에만 해당하는 신(神)으로서 건강과 식복이 있다. 배우자의 건강이 나쁠 우려가 있고 여자는 팔자가 좀 쎈 편이다. 타주에 비겁이 많으면 박복한 편이다.

34. 일덕(日德) - 일지만 해당.

$$甲 丙 戊 庚 壬$$
$$寅 辰 辰 辰 戌$$

아무리 궁핍해도 천하지 않고 파란 곡절이 많아도 극적인 구제를 받는다. 마음씨가 선량하여 자비를 많이 베푼다. 대운 세운에서 일덕을 만나면 더욱 발복한다. 刑. 冲. 破. 害. 空.이면 도리어 불리하다.

35. 관귀(官貴) - 일지만 해당.

$$丙 丁 庚 辛 壬 癸$$
$$子 亥 午 巳 午 巳$$

관운(官運)이 좋고 문무(文武) 겸비하여 검사 판사 등 요직으로 출세한다.

36. 일귀(日貴) - 일지만 해당.

$$丁 丁 癸 癸$$
$$亥 酉 巳 卯$$

천을귀인(天乙貴人)에 해당하니 참고하고 귀격으로서 刑. 冲. 破. 害. 空亡.이 없어야 한다.

37. 일인(日刃) - 일지만 해당.

$$丙 \quad 戊 \quad 壬$$
$$午 \quad 午 \quad 子$$

양인살(羊刃殺)에 해당하니 참고 바란다.

38. 의처증.(疑妻症) - 일지만 해당.

$$乙 \quad 丁 \quad 己 \quad 辛 \quad 癸$$
$$巳 \quad 亥 \quad 亥 \quad 巳 \quad 巳$$

정부나 애인 둘 팔자. 남모르게 연애 잘 한다.

제1장. 육친(六親)이란. – 육신(六神)이라고도함.

제1절. 육신이란.

지금까지는 사주팔자의 천간과 지지를 상호 대조하여 제합(諸合)과 제살(諸殺) 즉 刑.冲.破.害.空亡. 등을 찾아 내어 운명을 감정(鑑定)하고 추리하는 것을 배웠는데 이것은 단식판단(單式判斷)으로 쉽고 간단하게 볼 수 있으나 구체적인 감정은 어려움이 있고 정확성은 적으나 그래도 나름대로 신비한 점이 있어 요즘에 독자들이 많이 사용하고 있다.

이제는 복식판단(複式判斷)으로서 육친법(六親法)을 알아야 하는데 육친에는 말 그대로 조상(祖上) 부모(父母) 형제(兄弟) 자매(姉妹) 처자(妻子) 친인척(親姻戚) 외가(外家) 친구(親舊)와 그리고 관직(官職) 재물(財物) 수요(壽夭) 등을 다가오는 운명에 흥망성쇠를 전반적으로 추명 감정할 수 있기 때문이다. 그래서 육신을 꼭 배워 알아야 할 것이며 명리학으로 사주를 감정하는 데는 육신을 모르고서는 사주를 추명하기란 어렵다고 본다.

명리학에서는 육신을 사주팔자에서 표출하는데 일간을 기준하여 자신으로 보고 타주의 간지와 대조하여 육신을 표출하는데, 그 명칭을 비견(比肩) 겁재(劫財) 식신(食神) 상관(傷官) 편재(偏財) 정재(正財) 편관(偏官) 정관(正官) 편인(偏印) 인수(印綬)로 구분한다. 이것을 십신(十神)이라 칭하며. 천간을 대조하여 표출하는 육신을 천성(天星). 지지를 대조하여 표출하는 육신을 지성(支星) 이라고도 한다.

* 음양 오행상 육신으로 볼 때.

비견 겁재를 - 비겁(比劫)으로 칭하고.
식신 상관을 - 식상(食傷)으로 칭하고.
편재 정재를 - 재성(財星)으로 칭하고.
편관 정관을 - 관성(官星)으로 칭하고.
편인 인수를 - 인성(印星)으로 칭한다.

오행상 육신에서는 비견. 겁재는 격(格)을 이루지 못하여 제외되고 편재.정재와 편인.인수는 오행상 작용이 서로 같다하여 재성과 인성으로 동일시하여. 식신(食神) 상관(傷官) 재성(財星) 편관(偏官) 정관(正官) 인성(印星)등을 육신(六神)이라 칭한다.

복식판단(複式判斷)이란 간명비법상(看命秘法上) 육신과

십이운성과 음양 오행과 제살. 제합과 사주왕쇠(四柱旺衰)와 생극비화(生克比和). 용신.격국.등 종합적인 판단으로 운명을 감정해야하기 때문에 추명하기가 어렵다고 본다.

제2절. 육신의 표출방법.

육신에는 비견.겁재.식신.상관.편재.정재.편관.정관.편인.인수의 十神이 있는데 일간을 기준하여 타주(他柱)의 천간과 지지를 대조하여 표출한다. 우선 천간의 육신을 찾아내는 법을 알아보기로 한다.

1. 육신을 찾는법.

비견(比肩) - 일간과 오행이 동일하고 음양도 같은 것.

겁재(劫財) - 일간과 오행이 동일하나 음양이 다른 것.

식신(食神) - 일간이 생하는 것으로 오행상 음양이 같은 것.

상관(傷官) - 일간이 생하는 것으로 오행상 음양이 다른 것.

편재(偏財) - 일간이 극하는 것으로 오행상 음양이 같은 것.

정재(正財) - 일간이 극하는 것으로 오행상 음양이 다른 것.

편관(偏官) - 일간을 극하는 것으로 오행상 음양이 같은 것.

정관(正官) - 일간을 극하는 것으로 오행상 음양이 다른 것.

편인(偏印) - 일간을 생해주는 것으로 오행상 음양이 같은 것.

인수(印綬) - 일간을 생해주는 것으로 오행상 음양이 다른 것.

2. 육신의 법식.

생아자 인성(生我者印星) – 나를 생하는자 편인 인수.

아생자 식상(我生者食傷) – 내가 생하는자 식신 상관.

극아자 관성(克我者官星) – 나를 극하는자 편관 정관.

아극자 재성(我克者財星) – 내가 극하는자 편재 정재.

비화자 비겁(比和者比劫) – 나와 같은자 비견 겁재.

이상 육신 (十神)을 꼭 암기 하되 빨리 찾는 법을 익혀야 한다.

3. 갑(甲)을 일간기준 육신표출.

甲에 甲은 오행도 같고 음양도 같으므로 비견이라 한다.

甲에 乙은 오행은 같으나 음양이 다르므로 겁재라 한다.

甲에 丙은 甲은 丙을 生하고 음양은 같으나 오행이 다르므로 식신이라 한다.

甲에 丁은 甲은 丁을 生하고 음양이 다르고 오행도 다르므로 상관이라 한다.

甲에 戊는 甲은 戊을 克하고 음양은 같으나 오행이 다르므로 편재라 한다

甲에 己는 甲은 己를 克하고 음양도 다르고 오행도 다르므로 정재라 한다.

甲에 庚은 甲은 庚에게 克을 당하고 음양은 같으나 오행이 다르므로 편관이라 한다.

甲에 辛은 甲은 辛에게 克을 당하고 음양도 다르고 오행

도 다르므로 정관이라 칭한다.

甲에 壬은 甲은 壬에게 生을 받으며 음양은 같으나 오행
　이 다르므로 편인이라 칭한다.

甲에 癸는 甲은 癸에게 生을 받으며 음양도 다르고 오행
　도 다르므로 인수라 칭한다.

육신은 음양오행의 상생 상극만 잘 이해하고 터득하면 쉽
게 표출할 수가 있다. 많은 노력과 연구와 이해있길 바란
다. 꼭 외울 것.

4. 육신표출의 조견표 (六神表出早見表).

(천간)	甲	乙	丙	丁	戊	己	庚	辛	壬	癸.
비견	甲	乙	丙	丁	戊	己	庚	辛	壬	癸.
겁재	乙	甲	丁	丙	己	戊	辛	庚	癸	壬.
식신	丙	丁	戊	己	庚	辛	壬	癸	甲	乙.
상관	丁	丙	己	戊	辛	庚	癸	壬	乙	甲.
편재	戊	己	庚	辛	壬	癸	甲	乙	丙	丁.
정재	己	戊	辛	庚	癸	壬	乙	甲	丁	丙
편관	庚	辛	壬	癸	甲	乙	丙	丁	戊	己.
정관	辛	庚	癸	壬	乙	甲	丁	丙	己	戊.
편인	壬	癸	甲	乙	丙	丁	戊	己	庚	辛.
인수	癸	壬	乙	甲	丁	丙	己	戊	辛	庚.

육신을 표출하는 데는 일간을 기준하여 천간과 지지를 상

87

호 대조하여 표출하는데 천간은 양이고 하늘이고. 지지는 음이고 땅이라. 천간은 천간끼리 상호대조하여 표출하지만 지지는 지지 속에 암장된 천간을 표출하여 육신을 정한다. 원래 음기인 지지 속에는 양기인 천간이 들어 있는데 이를 지장간(支藏干)이라고 한다. 간(干)은 양이요 하늘을 상징하고 지지(地支)는 음이요 땅을 상징하는데 대지. 즉 땅이 초목과 백과(百果)를 키우는 것은 하늘의 양기를 받아 들이기 때문이라고 보는 것이다.

　사주 추명학에서도 땅의 상징인 지지 속에는 하늘의 상징인 간을 포함한 것으로 보기 때문이다. 또 지장간(支藏干) 속에는 여기(餘氣) 중기(中氣) 정기(正氣)가 삼분(三分) 하여 암장되어 있다. 이 여기 중기 정기의 각 간(干)이 보유되는 지(支) 내에서의 구간을 장간 분야 (藏干分野)라고 하는데 그 분야는 십이지마다 다르다. 또 각 지의 장간 및 장간 분야는 다음과 같으며 지장간 분야는 지지를 월지에 해당시켜 볼때 편의를 위하여 31일분 비률율로 표시한다.

5. 지장간 분야표(支藏干分野表).

	여 기	중 기	정 기
子 =	壬 − 10.35.	0 − 0.	癸 − 20.65.
丑 =	癸 − 9.30.	辛 − 3.10.	己 − 18.60.
寅 =	戊 − 7.23.	丙 − 7.23.	甲 − 16.54.
卯 =	甲 − 10.35.	0 − 0	乙 − 20.65.

辰 =	乙 - 9.30.	癸 - 3.10.	戊 - 18.60.
巳 =	戊 - 5.17.	庚 - 9.30.	丙 - 16.57.
午 =	丙 - 10.35.	己 - 9.30.	丁 - 11.35.
未 =	丁 - 9.30.	乙 - 3.10.	己 - 18.60.
申 =	己 - 7.20.	戊壬 - 3.10+1.	庚 - 17.60.
酉 =	庚 - 10.30.	0 - 0	辛 - 20.65.
戌 =	辛 - 9.30.	丁 - 3.10.	戊 - 18.60.
亥 =	戊 - 7.23.	甲 - 5.17.	壬 - 18.60.

　지장간에는 여기 중기 정기가 있는데 지지의 오행을 표시하는 정기의 干으로서 子는 癸요. 丑은 己의 정기를 육신으로 표출하게 된다. 필자의 경험상 지장간은 사주풀이에 큰 영향이 있기 때문에 꼭 암기하여 운명상담에 잘 활용하기 바란다.

6. 지장간 속의 음양 오행이 바뀌는 것.

子水는 陽에 속하지만 지장간의 정기를 기준하여 陰인
　　　癸水로 풀이한다.

亥水는 陰에 속하지만 지장간의 정기를 기준하여 陽인
　　　壬水로 풀이한다.

巳火는 陰에 속하지만 지장간의 정기를 기준하여 陽인
　　　丙火로 풀이한다.

午火는 陽에 속하지만 지장간의 정기를 기준하여 陰인
　　　丁火로 풀이한다.

7. 육신 표출의 예.

* 일간이 甲木 이라면

子 水는 정기가 癸 水 이므로 인수가 된다.

丑 土는 정기가 己 土 이므로 정재가 된다.

寅 木은 정기가 甲 木 이므로 비견이 된다.

卯 木은 정기가 乙 木 이므로 겁재가 된다.

辰 土은 정기가 戊 土 이므로 편재가 된다.

巳 火는 정기가 丙 火 이므로 식신이 된다.

午 火는 정기가 丁 火 이므로 상관이 된다.

未 土는 정기가 己 土 이므로 정재가 된다.

申 金은 정기가 庚 金 이므로 편관이 된다.

酉 金은 정기가 辛 金 이므로 정관이 된다.

戌 土는 정기가 戊 土 이므로 편재가 된다.

亥 水는 정기가 壬 水 이므로 편인이 된다.

육신과 지장간은 사주 감정에 꼭 필요하므로 암기바란다.

* 육신표출의 실예 = 甲子生 3월 10일 오시 (男-陰).

四柱 = 일간의 甲木을 기준하여 볼 때.

비견 – 甲子 – 인수.

편재 – 戊辰 – 편재.

* 일간 – 甲戌 – 편재.

편관 – 庚午 – 상관.

四柱 = 일간의 丁火을 기준하여 볼 때.

편인 – 乙丑 – 식신.

편관 – 癸未 – 식신.

＊ 일간 – 丁卯 – 편인.

편인 – 乙巳 – 겁재.

이상 육신표출 방법에 대해서 자세히 설명했으므로 독자들의 꾸준한 연구와 이해를 바란다.

8. 육신으로 본 가족 관계 도표.

육신	남여	가족	기타
비견	남	형제 자매 며느리	친구 동료 라이벌
	여	형제 자매 시아버지	친구 동료 라이벌
겁재	남	이복형제 자매 조카	친구 동료 라이벌 나쁜 친구
	여	이복형제 자매 시숙 남편 첩	친구 동료 라이벌
식신	남	장모 손자 손녀	식복 건강 수명
	여	자녀 딸 애인자식 남편의첩	식복 건강 수명
상관	남	조모 외조부	관재구설 건강문제
	여	조모 외조모 친아들	관재구설 건강문제
편재	남	부친 첩 애인	여자 투기 요행 재물 횡재
	여	부친 시어머니	상동
정재	남	아내 의부 양부 백숙부	유산 고정수입 봉급자
	여	의부 양부 백숙부	상동
편관	남	친아들 외조모	횡액 재앙 구설 도둑
	여	정부 간부 애인 외조모	상동
정관	남	자녀 서자 혼전자녀 조카	관직 자격증 귀인
	여	본남편 딸	상동
편인	남	계모 이모 서모 유모 조부	막힌 운세
	여	계모 이모 서모 유모 조부	막힌 운세
인수	남	친어머니 장인	명예 군자 위사람
	여	친어머니 손자	상동

육신으로서 가족 외에도 친족 권속 등 관계까지도 표출할 수 있으나 너무 복잡하고 숙명이나 운명에 큰 작용을 느끼지 못한 것을 많은 경험으로 보았다. 이론상으로는 적중률이 높으나 실질적인 운명 감정에는 많은 차이가 있으므로 독자들의 많은 연구가 필요하다.

제3절. 육신별 특성과 운명상(六神 特性 運命)의 해설.

1. 비견(比肩).

육신(六神) = 남 - 형제 자매 친구 며느리.
　　　　　　 여 - 형제 자매 친구 시아버지.

특성(特性) = 분가 양자 독립 이별 과단 독행 불화 쟁론
　　　　　　 고독 고집.

비견이 많으면 (3개이상) 형재 자매 친구 등과 다툼이 있고 평생 고독하며 남자는 처자와 여자는 남편과 이별수 있다. 비견이 형.충.파.해.공망.이면 형제 친구 도움도 없고 덕도 없다. 천지성이 모두 비견이면 두집 살림 양자로 갈수 있고 부친과도 인연이 없다. 비견 겁재가 동주하면 형제 부부구설 친척이나 타인 등으로 손해 보며 결혼 운도 늦은 편이다.

년.간지의 비견은 형님 누나가 있다. 월.간지의 비견은 반드시 형제가 있고 형제가 많다. 시지의 비견은 자식궁이

좋지 않아 양자 둘 수 있다. 비견이 사(死) 묘(墓)와 동주하면 형제 일찍 생사별 한다.

여자 사주에 비견이 많으면 (3개이상) 색정 번뇌로 가정 불화가 종종있다. 여자 사주에 비겁이 강하고 많으면 독신 생활자가 많고 첩이 되거나 결혼 후에도 이별수가 있고 항상 고독함을 느낀다. 여자 사주에 비겁이 강하고 관살이 약하면 애정(愛情) 결핍 부부불화 한다. 여자는 비견이 천간에 많으면 다정하여 실절할 수 있다. 비견은 남에게 아쉬운 말을 하기 싫어한다. 비견이 많으면 탈재 당하고 빈곤할 수 있다. 비견이 태다(太多) 하여 신왕자는 기술 예술 운동 등을 잘한다. 비견이 많은 사주는 공직업(公職業)도 길하다. 년주나 월주에 비견과 편재가 같이 동주하면 부친(父親)이 필히 객사 (客死) 하거나 외국(外國)가서 사망(死亡)한다.

2. 겁재(劫財).

육신(六神) = 남 – 이복형제(異腹兄弟) 형제 친구.
　　　　　　　　여 – 이복형제 형제 친구 등 표시함.

특성(特性) = 교만 불손 쟁투 폭력 부부불화 타인무시 야
　　　　　　　　망 투기 요행 손재 파산 일확천금등.

편인은 강해지고 정관은 약해진다. 겁재가 많으면 부부간에 서로 다툼이 있고 구설이 많고 남자는 화류계 여성과 결

혼할 수 있다. 천지성이 모두 겁재이면 부친 일찍 생사별하고 부부 이별수도 있고 타인과 공동사업(同業)은 꼭 실패한다.

이주(二柱)에 겁재와 양인이 동주하면 내빈 외환 가정도 적막하고 재물 탈재당할 수 있다. 어느주든 겁재가 있으면 이복가 형제있고 혼담도 여러번 있을 수 있다. 어디에든 겁재 상관이 동주하면 거짓이 많고 허풍이 있고 무뢰한이며 시지에 있으면 자손에 해롭다. 겁재 상관 양인이 동주하면 옥난 검난 변사 재화 단명 극빈할 수 있다. 년주의 겁재는 조상덕이 없고 상속재산이 있어도 다 실패한다.

사주가 전부 비겁이고 재성 하나만 있으면 거지 팔자에 재운을 만나면 사망할 수 있다. 즉 군비쟁재(君比爭財)가 되기 때문이다. 육신 10개중 최악의 신이 겁재라 한다. 관살 혼잡사주는 비겁운에 조금 발복한다. 겁재는 편재등과 합이 되면 길하다. 일지에 겁재가 있으면 처와 이별수 있고 재성이 무근이면 대운에서 재운이 오면 처와 이별한다.

겁재가 많은 사주에 재성이 있으면 도심이 강하고 재가 없으면 인정이 있다. 겁재와 양인이 시지에 있으면 흉하고 대운 세운에서 동일한 글자 오면 재화가 생긴다. 비견은 나의 정재의 정관이 되어 길하나 겁재는 나의 정재의 칠살이 되어 직접 손해을 보게 한다.

甲에 乙의 겁재는 재화를 만들고, 乙에 甲의 겁재는 타인의 도움이 있으나 불길하고, 丙에 丁의 겁재는 싫어하고, 丁에 丙의 겁재는 암암리에 손재가 있다. 戊에 己와 己에

戊의 겁재는 병고가 있고 형제 풍파도 많다. 庚에 辛과 辛에 庚의 겁재는 명에는 있으나 상호 질투심이 강하다.

비겁과 재성이 형충되면 도심(盜心)이 많다. 겁재는 타인을 너무 무시하고 낮추어 보는 버릇이 있다. 겁재 양인이 중중(重重)하면 사형(死刑)수가 있고 횡사변사 수가 있다. 비겁이 사주에 5개 이상 있으면 상처(喪妻) 할 수 있다. 대운에서 볼때 비겁이 흉(凶) 하더라도 합이 되면 길하다. 겁재 양인이 있으면 악독(惡毒) 한 성품이라 본다. 비겁이 역마에 해당하면 일생 이사 자주하고 변동이 심하다. 비겁이 많으면 기술적인 사업도 길하다.

3. 식신(食神).

육신(六神) = 남 – 장모 손자 조카.
　　　　　　 여 – 자식 손자 조카.

특성(特性) = 의식주풍족 소득봉록 자산윤택 신체건강 자녀와 인연이 있고 가무 색정 있으나 조금 게으른 편이다.

비견은 강해지고 편인은 약해진다. 식신이 많으면 자식복이 없고 여자는 호색다음하여 과부나 첩노릇할 수도 있고 양일생은 창녀 음일생은 기생이나 여급이 될 수도 있다. 식신이 4개 이상이면 신체 허약하고 부모나 자식 덕이 없다. 식신이 1개면 팔자 좋고 일지에 정관이면 부귀하고 월지나 시지에 건록이면 크게 성공 한다. 월지가 식신이고 신강 사주면 음식 잘 먹고 건강하며 명랑한 성격이다. 식신이 편인에 극해되면 직업이 미천하고 신체가 추하고 외소하며 단명하고 성사 되는 일이 없다. 비겁이 식신을 생해주고 형.충.파.해.공망.이 없고 편인이 없으면 부귀하고 덕망과 건강 등 평생 동안 복록이 있다. 고로 식신유기면 승재관이라 한다. 일지에 식신이 있고 시주 천간에 관성(官星)이 있으면 국회의원 등으로 이름을 날린다.

신왕 사주에 식.재.관.이 있으면 일 잘 풀리고 복록도 있다. 년주의 식신은 부자집 출신이고 조상덕도 있다. 일주나 시주에 식신 상관이 같이 있으면 몸에 흉터가 있을 수 있다. 일지에 식신이 있으면 남자는 어진 아내를 얻는다.

신약 사주에 식신이 많으면 천한 사람이다. 식신있는 사주에 공망이 있거나 충극을 당할 때 상관 대운에 사망할 수 있다. 일지에 식신이 있으면 음식솜씨가 좋다.

4. 상관(傷官).

육신(六神) = 남 – 조모 외조부 첩의 모.
　　　　　　　여 – 자식 배다른 자식.

특성(特性) = 교만 불손 오해 비방 경쟁 실권 소송 시비
　　　　　　실직 등 있으나.온정 다정하고 예술적 소질
　　　　　　이 있다.

인성은 제압 되지만 비겁은 증가시킨다. 사주에 상관이 많으면 남자는 실직하고 자식을 극하며 여자는 남편과 이별수 있고 애인이 생길 수 있다. 남녀 신왕 사주는 종교가 예술가 음악가 등으로 성공할 수 있다.

상관과 겁재가 동주하면 재물 목적으로 결혼 한다. 년주의 천지성이 모두 상관이면 단명하고 부귀하지 못하며 부모덕이 없고 타향살이 조실부모하고 재산도 없다. 년주에 상관이고 월주에 재성있으면 복록이 있다. 일지 상관은 처자 곤란하고 시주에는 자손이 해롭다.

상관 정관 동주시 호색다음하다. 여자는 상관 편인 동주시 남편 자식 복이 없다. 여자는 시지에 상관 양인이 동주하면 남편이 횡사한다. 여자는 상관이 많으면 결혼 후 이별수 있으나 공망이면 면한다.

여자는 상관이 많고 재가 없으면 부부해로하기 힘들다. 여자 사주에 상관이 있고 관성이 없으면 정조 관념이 강하여 남편과 생. 사별 후 에도 수절하고 남자를 싫어한다.

* **상관의 작용 – 일주를 악(惡)하게 설기 시키고.**
> – 재물을 생하여 주고.
> – 인성에게 덤벼들고.
> – 정관을 못살게 하고.
> – 일주의 정기(氣)을 빨아 먹는 송충이다.
>   즉 건강을 해친다.

식신 상관이 많으면 기술 생산 발명가 변호사 학자 복덕방 예술가 상업 음식점도 길하다. 일지 상관은 욕쟁이 거짓말쟁이이고 여자는 더 심하다. 식신이나 상관이 재를 생하여 주면 장모의 도움이 있다. 상관은 외가쪽으로 선조의 망령으로 해로움이 있다.

5. 편재(偏財).

육신(六神) = 남 – 아버지 첩 애인 등.
　　　　　　 여 – 아버지 시어머니 등.

특성(特性) = 재복 있고 돈복 여복 많고 금전 출입 빈번하고 속전 속패할 수 있고 외첩 여난 당할 수 있고 풍류 즐기고 타향살이 고생도 많다.

식상은 강해지고 비겁은 약해진다. 편재가 많으면 다정다감하고 주색을 즐기고 처(妻)보다 첩(妾)을 더 사랑하고 타향에서 출세한다. 년주의 편재는 조상업(祖上業)을 계승하고 반드시 상속도 받을 수 있다. 년주의 천지성이 모두 편재이면 부친이나 조부가 양자 팔자이다. 월주의 편재는 가장 좋으나 많으면 박복하고 시주에 겁재가 있으면 선부후빈(先富後貧) 한다. 신왕 사주에 편재도 왕하면 실업가 사업가로 성공한다.

편재가 왕하고 천월덕이 있으면 부친이 현명하고 명망이 있고 유복한 사람이다. 천간에 편재가 있으면 술 계집 좋아하고 의로운 일에도 재산을 희사하기도 한다. 천지성이 모두 편재이면 재복과 여자복이 많고 경제적 수완도 있으며 월주에 있으면 고향을 떠나 타향에서 성공한다. 편재가 묘(墓)와 동주하면 부친 일찍 생사별하고 목욕(沐浴)과 동주하면 부친 풍류 즐기고 편재가 공망이면 부친 덕이 없고 여자관계도 오래 못간다.

재다신약 사주는 결혼하여 처를 얻은 후에는 재산 풍파 가정 풍파가 있다. 편재는 형.충.파.해. 공망을 싫어한다. 편재는 역마와 같은 뜻이 있어 고향을 일찍 떠나고 돌아다니며 사업이나 무역업을 하면 돈을 번다. 편재가 많으면 속전 속패하고 여기저기 왔다갔다하여 외화 내빈격이 된다.

재성이 형.충.공망.이면 처의 내조를 얻지 못한다. 편재와 편관이 한주에 동주하면 처는 미인이지만 약물로 죽던지 객사나 조사(早死)하게 된다. 그러나 인수가 있으면 면한다. 편재는 지지에 있으면 길하지만 천간에 있으면 부거살지(父居殺地)라하여 부친과 이별수가 있다.

종재격(從財格)은 비겁운을 만나면 상처(喪妻)아니면 대실패(大失敗) 한다. 재는 천간이나 지지에 따로 있는 것 보다 합재국(合財局)이 가장 좋으며 비겁운이 와도 해가 되지 않아 일생 재물이 풍족하다.

6. 정재(正財).

육신(六神) = 남 – 본처 백부모.

　　　　　　여 – 시어머니 백부모.

특성(特性) = 명예 번영 자산 신용 복록 의협심 명랑 현처와 결혼 주색 색정 등도 있다.

사주에 겁재가 있거나 운에서 겁재운이 오면 허망하고 식상이면 증가한다. 정재가 많으면 정으로 손재보고 마누라 말 잘듣고 모친과 이별수 있고 신약 사주는 재산 모으기 힘들고 공처가이고 빈천할 수 있다.

년간의 정재는 조부가 부귀하고 년이나 월에 정재나 정관이 있으면 부귀한집 태생이다. 월간의 정재는 부지런하고 월지의 정재는 독실 단정 인망 검소 성실 하고 저축심 강하고 묘(墓)와 동주하면 수전노 구두쇠라 한다. 일지의 정재는 부지런하고 처의 내조가 있다. 시간의 정재는 자수성가 하나 조급한 점이 있고 겁재나 형충이 없으면 처자가 길하다. 정재는 천간보다 지지가 더 좋고 다음은 일지가 좋으며 다음은 월지가 가장 좋며 월지는 호문 숙녀를 처로 삼는다.

천성이 정관이고 지성이 정재이면 고귀한 팔자이다. 정재와 식신이 가까이 있으면 처의 내조가 있다. 정재와 정관이 가까이 있으면 현명한 여자와 결혼 한다. 정재가 쇠묘절(衰墓絶)과 동주하면 어리석고 신체가 허약하지 아니하면 반드시 재가한다. 정재가 비견이나 도화나 목욕과 같이 있으면 처가 다정하여 부정할 수 있다. 정재 옆에 겁재가 있거나 공망이면 빈곤하고 처덕이 없다.

여자 사주에 정재. 정관. 인수.가 있으면 재색과 복이 있으나 정재가 많으면 빈천하다. 여자 사주에 정재와 인수가 많으면 음란하고 형.충.파.가 되면 시어머니와 사이가 좋지 않다. 신왕 사주에 정재가 있으면 처첩(妻妾)을 두고 잘 살지만 약한 사주는 외부내빈(外富內貧)의 사주로 본다.

재성(財星)은 필히 지지에 근이 있어 통근(通根)해야 한다. 辰.戌.丑.未.는 4고(四庫)라 하는데 구두쇠에 속한다. 재다신약(財多身弱) 사주는 필히 재산과 여자관계로 남에게 원망 받고 평생 풍파가 많고 공처가로 살아간다. 정재는 정당하고 정직하게 모은 재물이나 아내를 말한다.

月天干에 정재가 있는데 月支地에 겁재가 있으면 겁재는 정재를 극 하므로 살지라한다. 즉 지지에서 천간을 극하기 때문이다. 정재가 많고 인수가 있으면 아내 말을 듣고 부모를 학대한다. 정재가 악할 때는 필히 식상이 있어야 하고 식상이 없으면 고재(孤財)라 하여 흉한 운명이라 한다. 묘고중(墓庫中)에 있는 재산은 깍쟁이 구두쇠로 보기도 한다. 정재는 재물과 명예와 현명한 처를 가진다는 뜻이 있다. 사주중에 재성이 왕해도 비겁과 나란히 천간에 투출되어 있으면 겉보기에는 좋아도 실속이 없는 운명이라 할 수 있다.

7. 편관(偏官) - 칠살(七殺)이라고도 한다.

육신(六神) = 남 - 자식 백모.
         여 - 남편외의 남자 애인 시숙 백모.

특성(特性) = 일명 칠살 권병 완강 투쟁 성급 흉폭 고독 권력 협객 두목군인 경찰 대귀 대부 강직한 직업 등을 표시한다.

식신이 사주에 있으면 길한 운명이고 편재가 있으면 더욱 증가한다. 년주에 편관이 있으면 장남이나 부모에는 불리하다.

일지에 편관이 있으면 총명하고 영리하나 성격은 조급한 점이 있다. 시지에 편관이 있으면 성질이 강하고 기상은 있으나 자식은 좀 늦은 편이다.

신왕 사주에 편관과 식신이 있으면 대부 대귀 하나 신약 사주에 식상이 많으면 빈곤한 팔자이다. 편관 사주에 인수가 있으면 큰 일할 사람이고 인수보다 편관이 강하면 무관 편관보다 인수가 강하면 문관으로 출세한다. 편관과 양인과 괴강이 동주하면 군인으로 크게 성공한다. 편관과 편인이 동주시 행상인이나 외국 갈 수. 편관 정관 즉 관살혼잡(官殺混雜)이 동주하면 잔꾀에 능하고 호색 다음하여 재화 당하고 항상 근심 걱정이 있다.

여자 사주에 편관이 공망이면 남편과 인연이 박하며 편관 많고 정관이 있으면 반드시 재가하고 부모덕이 약하고 관살이 5개 정도면 창부도 될 수 있다. 여자 사주에 편관이 많고 정재나 편재가 있으면 밀부 둘 수 있다. 여자 사주에 편관이나 정관 중에 하나만 있으면 제일 좋고 관살혼잡이면 실절하고 삽합이 되면 음란하다. 여자 사주에 편관이 있는 지지가 형.충.파.가 되면 부부 불화 하고 편관 하나에 식신 양인이 있으면 팔자 좋으나 성질이 강하여 남편 시중 못한다. 여자 사주에 편관 정관이 동주하고 비겁이 많으면 자매가 한 남편을 서로 다툼이 있고 남편을 축첩한다. 여자 사주에 무오(戊午) 병오(丙午) 임자(壬子) 일생은 편관이 있으면 남편과 이별수가 있고 간호사나 조산원 등이 길하다. 여자 사주에 편관이 왕하고 사주가 신약이면 고독한 점이 있고 편관이 약하고 합이 되면 천한팔자이다.

편관이 용신이면 영웅호걸이나 큰 인물이 될 수 있다. 편관은 전쟁 시비 싸움질하길 좋아 한다. 시주에 편관이고 신약이면 무자이다. 월주에 편관이고 신약이면 평생 질병이 있다. 편관 1개에 식상이 2-3개 정도 있으면 평생 되는 일이 없으나 편관 운이 오면 길하다. 편관이 사주에 없고 식상이 3개 정도 있어 편관운이 오면 재산 손재 관청구설이 생긴다. 편관 즉 칠살(七殺)은 7가지 해을 주는 살로서 무관격이나 중화된 사주는오히려 부귀공명과 자손도 길한 운명이 된다.

사주에 인수가 없고 칠살이 2-3개 정도 있으면 사기꾼이고 불량자이다. 편관은 아들이고 정관은 딸로 볼 수 있다. (연구바람). 편관은 일간 즉 아신(我身)을 극하고 못살게 하는 살이다.

8. 정관(正官).

육신(六神) = 남 - 자식 조카
　　　　　　 여 - 본남편 자식 조카

특성(特性) = 용모단정 명예 신용 자비심 가계번영 순정
　　　　　　 지혜 등을 표시한다.

정재 편재는 이롭고 식신 상관은 해롭다. 정관도 많으면 (3개) 곤궁하고 재화당하고 생활도 풍족치 못하다. 정관 1개에 편관 상관이 없으면 강직한 군자이다. 년주의 정관은 장남으로 태어나고 차남이라도 후계자가 되고 초년에 성공한다. 월지에만 정관이 있으면 일생 빈곤치 않고 인수가 있고 형.충.파.해. 공망이 없으면 부귀하고 정관 대운을 만나면 대귀 대부 한다. 일지에 정관이면 자수성공하고 영리하며 재주가 있고 현처와도 인연이 있고덕도 있다.

시주에 정관이 있으면 말년에 성공하고 현량한 아들을 둘 수 있으나 사.절.묘.(死絕墓) 동주시 빈천하다. 정관이 있는 사주는 용모단정 하고 미모도 있고 목소리도 좋다. 정관이 있어도 인수가 없으면 부귀공명 얻기가 어렵다.

여자 사주에 정관과 재성이 있으면, 남편 덕이 있고 천을 귀인이 있으면 더욱 좋다. 여자 사주에 정관이 형. 충. 파. 해. 공망. 상관. 편관.이 있으면 해롭고 정관이 많으면 부부간 불화하고 독신이나 무기(舞妓)가 되고 심하면 여급 창녀 될 수 있고 정관이 합이 되면 애교 있고 다정하며 인수가 많으면 규방이 적막하다. 여자 사주에 관살이 많은데 제거하는 것이 없고 재운을 만나면 색정으로 사망할 수 있고 관살이 4개 이상이면 진짜 남편이 없어 과부가 될 팔자 이다. 정관의 적은 상관이다. 정관은 형. 충. 파. 해. 공망.을 싫어하고 1개 정도 있으면 가장좋고 2개가 있으면서 인성이 있으면 길하고 3개 이상이면 편당이라하여 재앙이 생기고단명하다.

정관이 형. 충. 파. 해. 공망.하는 해운에는 실직하고 손해보고 거주 이전하고 타주와 합이되면 관직이 불성하고 묘(墓)에 해당하면 재산이 빈곤하고 인성이 없으면 출세 못한다.

록마(祿馬)란 록은 정관이요 마는 정재를 말한다. 정관은 신왕 제왕하면 길하고 합이되면 불길하고 공망이면 생활난을 겪는다. 정관은 일간이 간합(干合)되고 지지가 합이되면 천지합적(天地合德)이라하여 귀인이 된다. 정관은 지합이나 삼합이 되어서 타 오행으로 변하면 관이 아니다. 정관은 정직한 직업으로 귀인성이 되지만 억부법에 있어서는 나쁘기도하고 좋아지기도 한다.

* 정관의 오기(五忌)란 파격(破格)을 말하는데. 상관(傷官). 충파(冲破). 식신집합(食神集合). 인수 많아 설기될 때 12운성에 사.절.이 있을 때 가장 꺼린다.

* 정관을 오행으로 볼 때 직업.
목(木)에 해당하면 - 행정기관 인사관리 마음이 착한사람.
화(火)에 해당하면 - 문화사업 교육기관 성질은 급한면이 있다.
토(土)에 해당하면 - 토목이나 농림 사업 등이 길하며 유순하고 착하다.
금(金)에 해당하면 - 문무 길하고 예술계에도 길하고 군인도 길하고 강직한 성격이다.

수(水)에 해당하면 – 상업 공업 발명가 등이 길하나 인내심이 좀 부족하다.

9. 편인(偏印).

육신(六神) = 남 – 이모 유모 계모.
　　　　　　여 – 이모 유모 계모.

특성(特性) = 도식이라 하여 복수침해 식신파극 변덕 권태 파재 실권 이별 고독 색난 박명 건강 등 표시한다.

관살이 있으면 해롭고 편재가 있으면 억제된다. 용두사미형(龍頭蛇尾形)으로 편업에 적합하여 학자나 예술가나 의사 약사배우 승려 등 특히 한약 침술 운명철학 등이 길하다. 편인이 많으면 부모 일찍 생사별하고 처자와 인연도 박하고 재화(災禍) 생기고 명예 자존심 상하고 여자는 더욱 심하다.

년주의 편인은 조업(祖業)을 해친다. 월지의 편인은 의사 약사 배우 운명가 등이 좋고 쇠.병.사.절. 등이 있으면 인기가 없다. 일지의 편인은 남여 다 결혼 운이 나쁘다.

편인 인수 둘 다 있으면 두 가지 직업을 가질 수 있다. 편인과 겁재가 동주하면 타인으로 사업 실패한다. 편인이 많은 사주에 식신이 있으면 재앙이 오고 식신 대운을 만나도 재앙이 와서 재산 실패 신체 허약해서 질병이 오며 위장병 등도 온다. 편인은 식신을 극하기때문에 도식(倒食) 효신살 (梟神殺)이라고도 한다. 편인이 3개 이상있는데 편관이 있어 재앙이 오면 불의에 사망한다. 편인 운이 오면 침술 역술 기술 등을 배우려 돌아다닌다.

여자 사주에 편인이 많고 식신이 있으면 자식 해치고 유산 산액이 있고 천지성이 모두 편인이면 남편 인연이 박하고 상관 동주하면 자식 인연이 박하다.

* 편인이 년주에 있으면 조상의 업을 파하고. 월주에 있으면 부모 형제가 상하고. 일주에 있으면 배우자 즉 처덕 남편 덕이 없다. 시주에 있으면 자식을 극 하는데 합이 되던지 극을 받으면 작용력이약해진다.

10. 인수(印綬).

육신(六神) = 남 – 어머니 장인 손자.
　　　　　　　여 – 어머니 손자.

특성(特性) = 지혜 총명 학문 신용 종교 자비심 대인 군자 온후 단정 자산 풍족 복수쌍전 무병식재 가 도번영 박사 의사 교직 등 생애안락함을 표 시한다.

정재는 길운이 감소하고 정관은 더욱 증가한다. 인수가 많으면 처와 이별수 있고 자식은 적거나 불효하고 여자는 어머니와 이별수요 유모 계모 서모가 있다는 의미이다.

년간에 인수가 있으면 초년 대운이 양호하다. 월주에 인수 있으면 문장으로 이름 날리고 월지는 총명하고 말이 적고 용모 단정하고 인격도 고상하다. 시주에 인수 있고 관살이 없으면 예술로서 이름 얻고 자식복도 있으며 교묘한 재능은 있으나 고독한 팔자이다. 인수있는 사주에 정재가 많으면 母와 이별수가 있고 매사 막힘이 있고 재운을 만나면 악사할 수 있다.

여자는 인수가 많으면 남편과 이별수가 있고 자식도 연이 박하고 시모와 사이가 나쁘며 특히 인수와 정재가 같이 있으면 시어머니와 불화하고 인수있고 정재가 많으면 천부가 된다. 여자는 인수가 왕하고 관성이 경미하면 남편대신 생존 경쟁에 시달리고 늙어서 남의 집살이를 할 수 있다. 여자는 인수와 상관 및 양인이 동주하면 남편과 자식연이 없어 여승(女僧)이 될 수 있다.

인수가 천덕과 월덕 천을귀인을 만나 동주하면 천우신조로 일생동안 관액이나 큰 피해를 만나지 않으며 인덕도 있다고 본다. 인수가 화계나 문창성과 동주하면 문화사업과 출판업이 길하고 문무공직으로 요직에 오을수 있고 종교나 승려나 예술인 배우에도 명성을 얻고 명예와 박사도 될 수 있다.

재다 신약 사주는 비겁이나 인성운은 길하다. 인수가 3개 이상이면 재복이 없고 삼합 지합 간합이 되고 형. 충. 파. 해. 공. 망.이면 평생 고독할 수다. 인수는 인자하는 마음으로 나를 돕고 관살을 설기시킨다. 인수가 일주나 시주에 있으면 자수성공(自首成功) 한다.

명중에 인수가 공망이 되면 모친 없이 남에게 성장했거나 혹은 부모가 있어도 가난하다. 명중에 정재가 많으면 인수를 극해서 모친 일찍 조사(早死)하거나 아니면 모친이 재혼하게 된다.

인수는 월지가 제일 좋고 일 시지에 있어도 길한 운이다. 인수가 12운성의 사묘(死墓)에 해당하면 단명하거나 승도인(僧道人)이 되면 장수한다. 인수가 많은 사주는 좀 게으르다. 인수는 정관 편관이 적당이 있어 생해주면 큰 인물이 되나 정재 편재가 있으면 평생무직자(平生無職者)로 살던지 수십종(數十種)의 직업을 가졌다가 그만두며 유두무미(有頭無尾)의 운명이다. 인수의 희신(喜神)은 정관 편관이고 기신(忌神)은 정재 편재인데 재성을 더 기신으로 본다. 인수가 귀문관살(鬼門關殺)에 해당하면 무당(舞堂) 즉 신들린 어머니가 있을 수 있다. 인수가 도화(桃花)에 해당하면 기생 출신의 어머니가 될 수 있다. 인성이 많으면 언론 학문 출판업 등도 길하다.

제4절. 십이운성(十二運星).

1. 십이운성 이란.

장생(長生) 목욕(沐浴) 관대(冠帶) 건록(建祿) 제왕(帝旺) 쇠(衰) 병(病) 사(死) 묘(墓) 절(絕) 태(胎) 양(養) 을 말한다. 십이운성은 사주팔자의 일간(日干)을 기준하여 각 지지(支地)을 대조하여 보고 표출하는데 육신과 결합하여 사주가 신강이냐 신약이냐를 정하는데 역점을 두고 있으며 숙명에 어떠한 작용을 하는가를 가늠하게 되는데 일간이 양(陽)사주일 경우에는 정확성이 높으나 음(陰)사주일 경우에는 정확성이 좀 약한 편이다. 또 년월시의 천간에서도 각 지지를 대조하여 표출하기도 한다.

2. 십이운성의 조견표(早見表) 표출 방법.

五行 =	建祿	帝旺	衰	病	死	墓	絕	胎	養	長生	沐浴	冠帶.	
甲 =	寅	卯	辰	巳	午	未	申	酉	戌	亥	子	丑 =	順行.
乙 =	卯	寅	丑	子	亥	戌	酉	申	未	午	巳	辰 =	逆行.
丙戊 =	巳	午	未	申	酉	戌	亥	子	丑	寅	卯	辰 =	順行.
丁己 =	午	巳	辰	卯	寅	丑	子	亥	戌	酉	申	未 =	逆行.
庚 =	申	酉	戌	亥	子	丑	寅	卯	辰	巳	午	未 =	順行.
辛 =	酉	申	未	午	巳	辰	卯	寅	丑	子	亥	戌 =	逆行.
壬 =	亥	子	丑	寅	卯	辰	巳	午	未	申	酉	戌 =	順行.
癸 =	子	亥	戌	酉	申	未	午	巳	辰	卯	寅	丑 =	逆行.

음양 오행인 양(陽)은 = 甲.丙.戊.庚.壬.을 건록부터 순행으로 세어가고. 음양 오행인 음(陰)은 = 乙.丁.己.辛.癸.는 건록부터 역행으로 세어가면 된다. 십이운성의 조견표를 보지않고 왼손의 子.丑.寅.卯.辰.에서 寅 자위에 甲을 놓고 건록부터 순행으로 세어가면 조견표를 보지 않고도 쉽게 이해하고 암기할 수 있다. 십이운성의 조견표에서 보는 바와 같이 支地의 정기(地藏干 참조)와 동일한 십간은 그 지지에서 건록이 된다. 즉 寅의 지장간은 戊.丙.甲.인대 甲이 정기가 되므로 甲에서 寅은 건록이 되고 卯의 지장간은 甲.乙이므로 乙에서 卯을 대조하면 건록이 된다.

3. 십이운성을 사람의 출생에서 사망까지의 비유.

장생(長生) = 사람이 출생하여 성장하여 어른이 된 것과 같고.

목욕(沐浴) = 출생한 태아의 때를 씻는 것과 같고.

관대(冠帶) = 장년이 되어 성복 하는 것과 같고.

건록(建祿) = 나라에 출사하여 국록을 받은 것 같고.

제왕(帝旺) = 사람이 장성하여 극에 달한 것 같고.

쇠병사(衰病死) = 성장한 후 노쇠하고 병들어 사망하는 것과 같고.

묘(墓) = 사망 후 묘 속에 묻힌 것과 같고.

절(絶) = 묘 속에 묻힌 후 형체가 절무하고.

태(胎) = 다시 그 기운이 살아나 태기가 생긴 것 같고.

양(養) = 태기가 모체에서 자라나는 것에 비유함이다.

* 십이운성의 유근(有根). 미근(微根). 무근(無根).에 대한 것.

有根 = 根이 있는 것   – 建祿. 帝旺. 長生. 冠帶.

微根 = 根이 미약한 것 – 沐浴. 胎. 養. 墓.

無根 = 根이 없는 것   – 衰. 病. 死. 絶.

십이운성의 발상지는 중국인데 별로 사용하지 않지만 일본에서는 사주가들이 많이 사용하고 있음을 보았다.

제1장 용신(用神)

제1절. 용신이란.

사람의 운명을 감정하는데는 당사자가 지니고 태어나는 년.월.일.시.가 누구에게나 있다. 년.월.일.시.로 구성된 사주 팔자에는 음양 오행으로 된 간지가 있는데 간지중에도 일간을 중심으로 해서 사주가 강(强)한가 약(弱)한가를 알아내는 것이다. 일간이 약할때는 도와주는 오행이 필요하고 강할 때는 힘을 빼주고 극하는 오행이 필요한데 이 오행을 용신이라 한다.

다시 말하면 일간이 살기위한 수단으로 자기 즉 일주를 도와주는 육신을 말하는데 사주에는 강한사주 약한사주 병든사주 추운사주 더운사주서로 싸우는 사주 등 여러 가지

형태로 구성되어 있다. 이 가운데 우선 시급한 것부터 해결해야 하므로 약한 사주는 육신으로 비겁과 인성으로 보(補)하고 강한사주는 식상으로 설기시키고 재성 관성으로 억재하며 병든사주는 약으로 추운사주는 더운육신으로 더운사주는 추운육신으로 억재하고 싸우는 것은 말려주는 오행이 용신이다. 이에 해당하지 않은 강한사주는 식.재.관.중 가장 유력한 오행으로 용신하면 된다.

＊ 용신될 조건.

木.이 신약이면 木.水.가 용신.

木.이 신강이면 火.土.金.이 용신.

木.이 金.과 상극이면 水.가 용신.

木.이 土.와 상극이면 火.가 용신.

火.가 신약이면 火.木.이 용신.

火.가 신강이면 土.金.水.가 용신.

火.가 水.와 상극이면 木.이 용신.

火.가 金.과 상극이면 土.가 용신.

土.가 신약이면 土.火.가 용신.

土.가 신강이면 金.水.木.이 용신.

土.가 木.과 상극이면 火.가 용신.

土.가 水.와 상극이면 金.이 용신.

金.이 신약이면 金.土.가 용신.

金.이 신강이면 水.木.火.가 용신.

金.이 火.와 상극이면 土.가 용신.

金.이 木.과 상극이면 水.가 용신.

水.가 신약이면 水.金.이 용신.

水.가 신강이면 木.火.土.가 용신.

水.가 土.와 상극이면 金.이 용신.

水.가 火.와 상극이면 木.이 용신.

용신은 일간을 가장 안전하게 해주는 오행이다. 용신은 사주 오행의 왕쇠을 중화시켜 주는 자 이기도 하다. 용신은 사주의 시급한 문재를 해결해주는 자 이기도 하다.

제2장 신강(身强). 신약(身弱).

제1절. 신강이란.

비겁이 많은 것을 신왕이라 하고 인성이 많은 것을 신강이라 한다. 일간을 기준해서 오행의 기가 왕성한 것을 신강이라 하고 기가 약한 것을 신약이라고 한다. 신강에는 신강(身强) 태강(太强) 극왕(極旺)이 있다. 용신을 정하기 전에 먼저 일간이 신강인가 신약인가를 알아야 용신을 정할 수 있다.

1. 신강이 되는 조건.

＊ 일간이 월지에 비견.겁재을 보면 득령하여 신강이다.

甲乙 (木) 일간이 － 寅. 卯. 월에 출생한 사주.

丙丁 (火) 일간이 – 巳. 午. 월에 출생한 사주.

戊己 (土) 일간이 – 辰. 戌. 丑. 未. 월에 출생한 사주.

庚辛 (金) 일간이 – 申. 酉. 월에 출생한 사주.

壬癸 (水) 일간이 – 亥. 子. 월에 출생한 사주.

(예).

年. 甲寅. 일간 갑목이 인월목이라 가장 왕성한 달에

月. 丙寅. 출생하여 신강 사주인데 월간 병화가 설기하여

日. 甲子. 길한 사주가 되었다.

時. 乙亥.

甲乙 일간에 辰월. 丙丁 일간에 未월에 출생한 사주나. 庚辛 일간에 戌월. 壬癸 일간에 丑월은 등령보다 낮은 준등령으로 보면 된다.

* 일간이 생을 받는 달에 출생하여도 신강으로 본다.(인성에 해당한다)

甲乙 (木) 일간이 亥.子. 월에 출생한 사주.

丙丁 (火) 일간이 寅.卯. 월에 출생한 사주.

戊己 (土) 일간이 巳.午. 월에 출생한 사주.

庚辛 (金) 일간이 辰.戌.丑.未. 월에 출생한 사주.

壬癸 (水) 일간이 申.酉. 월에 출생한 사주.

(예).

年. 癸未. 일주 己土 巳火월에 생을 받으니 신왕의

月. 丁巳. 조건이 된다. 일지 亥水가 巳火를 극하여

日. 己亥. 생하는데 지장이 있으나 시지 未土와 亥未로

時. 辛未. 木국을 이루어 巳火를 생하니 사주가 강해졌
　　　　다. 또 년지 未土와 시지 未土가 己土을 생하
　　　　니 더욱 신강해졌다.

* 일간이 득령을 못했어도 일간과 같은 오행 즉 비겁이 타주
에 많으면 (3개이상) 신왕으로 볼 수 있다.

甲乙 (木) 일간이 타주에 甲.乙.寅.卯.가 많은 사주.

丙丁 (火) 일간이 타주에 丙.丁.巳.午.가 많은 사주.

戊己 (土) 일간이 타주에 戊.己.辰.戌.丑.未.가 많은 사주.

庚辛 (金) 일간이 타주에 庚.辛.申.酉.가 많은 사주.

壬癸 (水) 일간이 타주에 壬.癸.亥.子.가 많은 사주.

(예).

年. 庚午. 일간 丙火가 戌土월에 실령으로 신약이다.

月. 丙戌. 그러나 연월일지가 午戌로 火국을 이룬데다.

日. 丙午. 년지 午火. 월간 丙火. 일지 丙午火. 시지 巳火가

時. 癸巳. 있어 지나칠 정도로 신왕이 되었다.

* 일간이 득령을 못했어도 타주에 일간과 같은 오행이 方이
나 局을 이룬 사주인데 方에는 半方. 局에는 半局이 있다.

方은 - 寅 卯 辰은 木方이고. 半方은 寅卯. 卯辰. 寅辰.이다.
巳午未는 火方이고. 半方은 巳午. 午未. 巳未.이다.
申酉戌은 金方이고. 半方은 申酉. 酉戌. 申戌.이다.
亥子丑은 水方이고. 半方은 亥子. 子丑. 亥丑.이다.

局은 - 寅 午 戌은 火局이고. 半局은 寅午. 午戌. 寅戌.이
있다.
巳 酉 丑은 金局이고. 半局은 巳酉. 巳丑. 酉丑.이
있다.
申 子 辰은 水局이고. 半局은 申子. 子辰. 申辰.이
있다.
亥 卯 未은 木局이고. 半局은 亥卯. 卯未. 亥未.가
있다.

(예).

年. 辛亥. 일간 壬水가 午火월에 실령되어 신약이다.

月. 甲午. 그러나 지지에 亥子丑으로 水局을 이루고 년

日. 壬子. 시간에 辛金 인수가 투출되어 일간 壬水를

時. 辛丑. 생하니 신약이 신강으로 되었다.

일주가 실령을 했어도 三合이나 方局을 이루면 신강으로
변한 사주의 예이다.

* 일간이 일지에 녹근(祿根) 착근(着根) 통근(通根)을 하면
신강으로 볼수 있다.

녹근 – 일지가 일간의 건록(建祿)이 되는 것. 즉. 甲寅. 乙卯. 庚申. 辛酉. 등이다.

착근 – 일간과 일지가 같은 오행인 비견 겁재에 해당한 것. 즉. 戊辰. 戊戌. 己丑. 己未. 壬子. 癸亥. 丙午. 丁巳. 등 이다.

통근 – 일지에 암장(地藏干)된 중기(中氣)가 일간과 오행이 동일 한것. 즉. 丙寅. 壬申. 辛丑. 乙未. 甲辰. 丁未. 己巳. 戊午. 등 이다.

일주가 지지에 십이운성인 장생.건록.재왕. 등을 만나면 득기(得氣)했다하여 강해지고 쇄.병.사.절.등을 만나면 실기(失氣) 했다하여 약해진다.

양일간만 적용 – 장생궁 – 丙寅. 壬申. 戊寅. 일주 등. 신강이 되는 조건은여러 가지를 종합하여 정해야 하는데 실제상은 구별하기가 어려운 경우가있으며 대가들도 틀린 경우가 있다고 본다.

신강과 신약을 정확히 구별하지 못 할 시에는 용신을 정하는데 어렵고 용신을정하지 못하면 사주감정이 잘못될 수가 있다. 착오 없길 바란다. 용신이 없거나 미약하거나 파극 된 사주가 많은 것을 보았다.

* 신강사주.

(예).

年. 壬辰. 일간 丙火가 火旺하는 午月에 생하니 득령으로

月. 丙午. 신왕하다.

日. 丙寅. 또한 일지 寅木이 午火와 반합을 이루고 丙火

時. 戊子. 의 장생궁이라 더욱 신왕해진다.

(예).

年. 甲辰. 일간 庚金이 申金月에 득령이라 신강하다.

月. 壬申. 일지 戌土와 년지 辰土의 생을 받아 庚金의

日. 庚戌. 득기하여 신강이다.

時. 丙子. 그러나 申子辰 水局에 월간 壬水가 투출하여 식상도 왕하다. 일지 戌土가 水를 견재하고 시간 丙火는 시지 子水가 克하여 일간을 극하지 못해 신약은 면한 사주다

제2절. 신약이란.

일간을 기준해서 생조하는 육신인 비겁과 인성이 적거나 없는 대신 일간을 극하거나 설기하는 육신인 식.재.관.이 많아 일주의 기가 약해진 것을 말한다. 신약에도 신약(身弱) 태약(太弱) 극약(克弱)이 있다. 신강의 반대되는 것으로 신약을 잘 연구하기 바란다.

1. 신약되는 조건.

* 일간이 실령하면 신약으로 본다.

실령이란 일간의 출생월이 육신으로 볼 때 식상.재성.관성.에 해당하는 월인가를 본다. 甲木 일간이 월지에 육신으로 볼 때 식상.재성.관성.등에 해당하면 실령으로 본다.

일간이 득령해도 타주에 비겁이나 인수가 없고 식. 재. 관.이 많아도 신약이 될 수 있다. 일간이 득령해도 타주에 식. 재. 관.이 많거나 방과 국을 이루면 신약으로 변한다. 이럴 때 일간이 월지에 득령만 해도 신약은 면한다.

일주가 실령한데다 식. 재. 관. 중 어느 한 가지 육신이 방이나 국을 이루면 태약이나 극약까지 될 수 있다. 일지나 월지에 쇠.병.사.절.(衰病死絕)이 되면 신약이 될 수 있다.

* 신약사주의.

(예).

年, 辛未.　일간의 己土가 卯木月에 태어나 실령이라

月. 辛卯.　신약이다. 또 亥卯未 木局 삼합을 이루어 일간

日. 己亥.　己土을 극하고 年月干 辛金에 설기 되어 신약

時. 壬申.　에 태약으로 볼 수 있다.

(예).

年. 己未.　일간 甲木이 寅木月에 출생하여 득령이라

月. 丙寅.　신강이다. 그리고 시간에 甲木이 있으나 도와

日. 甲午. 줄 水氣가 없다. 寅午戌 火局에 己未土. 丙火에
時. 甲戌. 설기되고 水氣가 없어 메마른 땅에 뿌리를 내
리지 못해 火氣에 타버릴 지경이다. 이 사주는
득령하고도 태약하다.

제3절. 한.난.습.조.(寒暖濕燥)란.

조후용신(調候用神)이라고도 하는데 기온이 너무 춥고 덥
고 습하고 건조하면 천지간에 만물이 생장할 수 없다. 설사
생장하여도 병들거나 말라서 죽게 된다. 사주 구성에는 십
간과 십이지로 되어 있는데 이것은 음양 오행뿐만 아니라
한.난.습.조.에도 해당된다. 이럴 때는 신강 신약을 떠나서
조후로 용신해야 한다. 추운 것은 따뜻하게 더운 것은 차게
습한 것은 마르게 건조한 것은 촉촉하게 해주어야 한다.

* 한.난.습.조.에 속한 오행.

천간에는 한(寒) – 庚辛. 壬癸. 己. 金水土 이고.
난(暖) – 甲乙. 丙丁. 戊. 木火土 이고.
지지에는 습(濕) – 申酉. 亥子. 辰丑. 金水土 이고.
조(燥) – 寅卯. 巳午. 戌未. 木火土 이다.
추동(秋冬)지절은 한습 하고. 춘하(春夏)지절은 난조하다.

제4절. 용신의 분류.

전장에서 사주의 강.약.과 용신이 왜 필요한가에 대해 잘

이해했으리라고 본다. 용신을 찾는 법은 일정하지 아니하지만 사주가 구성된 형태로 보아 어떤 용신법을 적용해야 하는가를 알아내야하며 용신은 숙명 감정에 지대한 영향을 주기 때문에 용신을 모르고서는 사주를 감정할 수가 어렵다.

1. 억부용신(抑扶用神).

억(抑)은 억재하다이고. 부(扶)는 도와주다 생해준다는 뜻이다. 일간을 生하는 육신이 많으면 신왕이 된다. 사주 구성상 오행의 조화로 일간이 신강이면 억제하는 육신이 필요하고 일간이 신약이면 부조하는 육신이 용신이다. 일주가 태강하지 않고 신강이면 반드시 재.관(財官)중에 유력한 육신이 용신이다.

2. 조후용신(調候用神).

한.난.습.조.에서 설명하였으므로 참고 하시기 바란다. 세상 만물들은 한난습조의 조화에 의하여 이루어지듯이 사주팔자도 난조 및 한습의 조화가 필요하다. 사주가 과하게 한습하거나 난조하면 한.난.습.조.로 조화시키는 육신이 용신이다.

(예).

年. 辛亥. 일간 乙木이 丑土월에 생하여 동사할 지경이다.
月. 辛丑. 이 사주는 신강 신약을 말하면 乙木이 亥卯未
日. 乙未. 木국이라 신강인데 乙木을 극하는 辛金 칠살도

時. 己卯. 강하여 木과 金의 세력이 비슷하다. 그런데 이
　　　　 사주는 신강 신약보다 시급한 것은 얼어 있는
　　　　 丑土에 乙木이 뿌리를 못내린 형국이라우선 언
　　　　 땅부터 녹여야 한다. 다행이 일지 未土 지장간
　　　　 에 丁火가 있어 용신하게 되니 이것이 바로 조
　　　　 후 용신이다. 운행이 木火 운이라 크게 발전한
　　　　 명이다.

3. 통관용신(通關用神).

　통관이란 서로 대립하고 있는 육신을 소통 시킨다는 뜻인
데 사주가 어떤육신의 강약이 비슷할 때 두 육신간을 오행
상생의 원리에 따라 소통 시키는 육신이 용신이다.

　즉. 木 과 土의 세력이 동등할 때 火가 통관 용신.
　　　土 와 水의 세력이 동등할 때 金이 통관 용신.
　　　水 와 火의 세력이 동등할 때 木이 통관 용신.
　　　火 와 金의 세력이 동등할 때 土가 통관 용신.
　　　金 과 木의 세력이 동등할 때 水가 통관 용신.

(예).

年. 戊寅. 일간 乙木이 寅木월에 득령하여 신강인데 월
月. 甲寅. 간의 甲木 년지에 寅木이 가세하여 木이 태왕
日. 乙未. 하다. 그래 억부법을 사용 木의 힘을 빼려 하
時. 丙戌. 는데 木다음 왕한 것이 土이다. 木과 土가 대

립하여 상극 관계라 이러한 경우 木과 土의 싸움을 말려야 하는데 다행이 시간에 丙火가 있다. 丙火도 寅에丙 未에丁 戌에丁火가 있다. 또 寅戌 반국이 있어 강하다. 고로 木生火 火生土하여 통관 용신이며 三.五行으로 되어 있어 삼상격(三象格)을 이르렀다.

4. 병약용신(病藥用神).

사주팔자는 대게 흠집이 있는 사주가 많다 있어야 할 육신이 없거나 있어도 타 육신에 파극되어 제 힘을 쓸 수 없는 육신이다. 신약 사주에 일주를 생조하는 육신이 있으나 생조하는 육신을 파극하는 육신이 있다. 이 육신을 병이라 하고 병을 억제하는 육신을 약이라 한다. 만약 사주에 병이 있고 약이 없는 사주는 길격 사주라고 볼 수 없다. 병도 있고 약도 있는 사주를 길격사주라 할 수 있다.

(예).

年. 丙戌.
月. 辛丑.
日. 壬戌.
時. 辛丑.

일간 壬水가 丑土월이라 실령이다. 지지에 四 土가 있으니 土가 병이라 신약인데 辛金 인수로 용하여 살인상생(殺印相生) 해야 하는데 辛 金이 土에 묻이는 격이라 土가 용신의 병도 된다. 당연히 木이 있어야 약이 되는데 사주에 木이 없다. 이 사주는 병은 있으나 약이 없어 운명상 분리한 명이라 하겠다. 木운이 오면 발복하리라.

5. 종용신(從用神).

從이란 복종한다 항복 한다는 뜻으로서 사주팔자에 어느 육신이 일방적으로 편중되어 많고 세력이 강하여 타오행으로는 억제하지 못할 경우 그 세력에 복종하는 육신이 용신이다.

일주가 지극히 왕성하여 일주의 육신에 종하는 것을 종강(從强) 또는 종왕(從旺)이라 한다. 일주가 심히 미약하여 타 오행에 종하는 것을 종세(從勢-세력에복종함)라고 한다. 식상이 왕하여 식상에 종하는 것을 종아(從兒)라 한다. 재성이 왕하여 재성에 종하는 것을 종재(從財)라 한다. 관살이 왕하여 관살에 종하는 것을 종살(從殺)이라 한다. 인성이 왕하여 인성에 종하는 것을 종인(從印)이라 한다. 종용신은 從格 즉 종강(從强).종세(從勢).종아(從兒).종재(從財).종살(從殺).종인(從印).에 해당하면 억부법(抑扶法)을 쓰지 않는다는 점을 잊지 말아야한다.

제3장 격(格) 이란.

제1절. 격이란.

격에는 내격(內格) 외격(外格) 특수격(特殊格)이 있다. 내격을 정격이라 하는데 사주의 중화를 목적으로 억부법과 통관 병약을 적용한다. 외격은 사주의 오행이 한가지나 두 가지나 세가지로만 편중되어 내격처럼 중화을 목적으로 하지 않고 편중된 세력에 종하는 것을 말한다.

특수격은 귀격으로 보는데 내격이나 외격을 무시하고 중화와 관계없이 무조건 귀격으로 보는 경우이다. 격은 사주 중에 오행이 태과나 불급을 따지지 않고 다만 월지를 중심으로 기세가 가장 왕성한 오행 즉 육신으로 격을 정한다.

제2절. 내격(內格)의 구성 – 격을 정하는데 몇 가지 요령.

격은 월지를 기준하여 정하는데 월지에 암장된 정기가 천간(年月時)에 나타나 있으면 그것이 표시하는 육신에 의한다. 즉 丙日生이 寅木月에 출생하고 년.월.시.간에 甲木이 있으면 갑목은 丙日의 편인이 되므로 편인격이라 한다. 월지의 정기가 천간에 나타나있지 않고 여기나 중기가 년간이나 월간이나 시간에 나타나 있으면 그것으로 격을 정한다. 월지에 암장된 육신이 여기 중기 정기를 막론하고 천간에 하나도 나타나있지 않으면 그냥 월지의 암장된 육신으로 격을 정한다.

* 내격을 정격이라 하는데 내격에는 여덟가지 격이 있다.

식상격은 식신격 상관격으로 나눈다.

재격은 정재격 편재격으로 나눈다. 관살격은 정관격 편관격으로 나눈다. 인성격은 인수격 편인격으로 나눈다. 월지가 비겁이면 격을 정하지 않고 양인(劫財)에 해당하면 양인격으로 정한다. 격국으로는 사주가 좋다 나쁘다 또는 길흉화복과 부귀빈천이 결정되는 것이 아니고 사주를 분류하는데 편리하게 붙여진 명칭에 불과하다.

어떤이는 격국으로 길흉화복과 부귀빈천을 감정할 수 있다고 하는데 필자의 경험상으로는 정확성이 약하다고 본다. 연구있길 바란다. 격이 정해지면 성격과 직업 등은 알 수 있으나 이것도 사주의 강약과 신살 등을 참작하여 감정해야 할 것이다. 사주가 좋다 나쁘다 길흉화복과 부귀빈천은 용신과 행운에서 오는 신살 등의 영향으로 정해진다는 것을 경험하였다.

1. 식상격이란 – 식신 상관을 말하는데 식신.상관의 구별 없이 식상으로 통칭하나 식상도 상관으로 통용하는게 식신 상관의 특징이다. 식상이 용이 될 수 있는 것은 식상용인격. 식상생재격. 식상용식상격. 등이 있다. 식상이란 식신과 상관의 합칭이다.

(1). 식신격 – 식신은 일간이 생하되 음양이 같은 육신이다. 상관은 일간이 생하되 음양이 다른 육신이다. 그러나 오행의 성질은 같은 것으로 취급한다. 식신격은 월지의 정기가 식신에 해당하거나 월지에 암장된 식신이 년.월.시.천간에 투출하면 식신격이 된다.

(예).

年. 己亥. 일간 壬水가 寅木月에 水生木 하여 식신격이

月. 丙寅. 분명하다. 寅木月에 실령했지만 일간 壬水 년

日. 壬子. 일시지에 亥子子水로 녹궁(祿宮) 왕궁(旺宮)을

時. 庚子. 다 놓은데다 시간 庚金이 생조하므로 신강하
다. 신강에는 재.관.으로 用 하는데 년간 己土
는 월지 寅木에 억재되고 월간 재가 있으나 비
겁 왕하여 마당치않다. 월지 식신을 용하여 水
의 생을 받아 월간의 丙火를 생하니 크게 발복
했으리라. 이것이 식신생재(食神生財)라 한다.

(2). 상관격 – 월지의 정기가 상관이면 무조건 상관격이
다. 월지의 정기와 관계없이 상관으로 방국을 이루어도 상
관격이 된다. 사주에 식상이 많아도 상관격이 될 수 있다.

(예).

年. 辛亥. 일간 甲木이 午火月에 출생 실령이라 신약이

月. 甲午. 나 木生火 생하니 午火 상관이라 진상관격 이

日. 甲寅. 라 볼수 있다. 식신이나 상관격을 놓으면 일간

時. 甲子. 이 설기가 심하여 신약이 되므로 인성으로 용
하게 되나 이 사주는 甲木이 일지 寅木에 녹근
하고 월시간에 甲木이 있고 년지 시지에 亥子
水가 생하니 실령하고도 태강 사주다. 태강사
주는 기의 힘을 설기(泄氣) 시켜야 하는데 월

지 午火 상관으로 일간 甲木의 기를 빼내야 한다. 이것을 상관용 상관격(傷官用傷官格) 이라 한다.

(3). 식상용인격(食傷用印格) – 사주에 식상이 태왕하여 신약이 되었을 때 인수로 용하여 일주를 생하여주고 왕한 식상을 억제해야 한다.

(예).　　(대운).

年. 甲寅. 辛未　일간 甲木이 午火月을 생하니 실령에
月. 庚午. 壬申　신약이요 상관격이며. 寅午戌火局하여
日. 甲戌. 癸酉　상관이 태왕하다. 상관이 태왕하면 인수
時. 壬申. 甲戌　로 용해야하는데 시간에 壬水는 시지의
　　　　 乙亥　申金에 장생하여 용할 만하다. 그러나
　　　　　　　火의 세력을 감당하기에 힘이 부족하다.
　　　　　　　초년 辛未 대운에 간신이 살아 왔으나 壬
　　　　　　　申 癸酉 대운에 들면서 용신이 힘을 얻어
　　　　　　　발복했으리라 본다

(4) 식상생재격(食傷生財格) – 일주가 강하고 재성이 약한데 식상이 사주에 있고 대운에서 식상운을 만나면 부귀하나 인성이나 비겁운을 만나면 빈천(貧賤)한 명이다.

(예). (대운).

年. 甲申. 丁丑　일간 壬水가 子水월에 득령하고 시간지
月. 丙子. 戊寅　에 辛金 亥水의 생을 받아 신왕이다. 원
日. 壬寅. 己卯　간 丙火 재는 심히 약하다. 그러나 년간
時. 辛亥. 庚辰　甲木과 일지 寅木이 왕한 水氣를 받아
　　　　辛巳　丙火를 생하여 재도 왕하다. 이것이 식상
　　　　　　　생재격이다. 중국 사람의 갑부 사주다.

(5). 식상용식상격(食傷用食傷格) - 비겁과 인성으로 인해
일주가 태왕하면 재관으로 억재해야 한다. 그러나 재관이
없고 있더라도 심히 미약하면 왕성한 식상으로 일주를 설
기시켜야 한다.

(예). (대운)

年. 丁卯. 甲辰　일간 甲木이 巳火월에 생하니 巳는 木의
月. 乙巳. 癸卯　식신이나 년간 丁火가 있어 상관격이다.
日. 甲寅. 壬寅　巳火는 십이 운성으로 甲木의 병궁이라
時. 乙亥. 辛丑　신약이다. 월간 乙木이 년지 卯木에 녹근
　　　　庚子　하고 시간 乙木은 시지 亥水의 생을 받
　　　　　　　고 寅亥木 합이 되어 일간 甲木에 녹근하
　　　　　　　니 일주 甲木 태왕이 되었다. 巳중 庚金
　　　　　　　칠살이 있으나 巳는 병궁이라 용신이 안
　　　　　　　된다. 고로 丁火 상관으로 왕한 木의 정
　　　　　　　기를 설기시켜야 한다. 상관격을 놓고 상

관으로 용한다 해서 식상용 식상격 또는
상관용 식상격이라 한다.

2. 관살격(官殺格) - 관살격은 정관격과 편관격을 말한
다. 편관은 칠살(七殺) 이라고도 한다.

(1). 정관격(正官格) - 월지의 정기가 정관에 해당 하거나
월지의 암장(暗藏)에 정관이 있어 년.월.시.간에 투출되면
정관격이다.

(예).

年. 甲午. 壬水가 丑土月에 생하니 丑중 己土로 정관격으
月. 丁丑. 로 본다. 壬水는 水가 왕한 丑월이라도 丑은
日. 壬辰. 본래 土라 신약이다. 사주에 인수 비겁이 없으
時. 乙巳. 나 巳丑金 반합이라 일간 壬水를 생한 인수가
　　　　되었다. 巳丑金 인수가 일간 壬水을 생하고 壬
　　　　水가 甲乙木을 생하고 甲乙木이 丁午巳火를 생
　　　　하고 丁午巳火는 辰土를 생하고 辰土는 巳丑金
　　　　을 생하니 사주 十干이 구비되어 년년 생생하
　　　　여 중화된 사주라 어느 운에도 부귀하리라.

(예).

年. 丁酉. 이 사주는 여자사주 인데 辛金이 寅木월에 태
月. 壬寅. 어나 신약이다. 그러나 년지 酉金 시지 申金
日. 辛巳. 일지 巳中 庚金이 있어 신왕이 되았나. 그리고

時. 丙申. 월지 寅木 중 丙火 정관이 시간의 丙火에 투출
되어 있어 정관격이 분명하다. 丙火 정관은 시
지의 申金이 십이운성의 병궁(病宮)에 해당하
고 申金중에 水의 극을 받아 약한 것 같으나
일지 巳에 녹근하고 월지 寅에 장생을 놓아 득
령 한데다 년간 丁火도 가세하여 강한 명이 되
었다. 단 여자는 관성이 하나만 있어야 하는데
년간 丁火가 있어 관살혼잡(官殺混雜)이라 불
리하다. 그러나 년간 丁火는 월간 壬水와 丁壬
木 간합이 되어 합살유관(合殺留官)이 되어 사
주가 아름답다. 運에서 南方火운과 東方木운으
로 이어져 귀부인이된 고인의 사주이다.

(2). 편관격 – 사주 월지의 정기가 편관에 해당하거나 편
관이 월지에 암장되어 년.월.시.간에 두출되면 편관격이다.

(예).

年. 戊申. 乙木이 酉金월에 생하니 酉中辛金이 월간 辛

月. 辛酉. 金에 근하여 乙木의 편관에 해당하니 편관격

日. 乙巳. 이다. 乙木 酉金월에 실령인데 년지 申金 월간

時. 丙子. 辛金 월지 酉金과 일지 巳火가 巳酉 半金局이
라 관(官)이 아니라 살(殺)로 작용하여 두렵다.
그러나 시지의 子水로 용하면 살인 상생(殺印
相生)하므로서 사주가 길해졌다. 대운에서 亥

子丑 인수운으로 들어와 지위가 승상에 오른 옛 중국인의 사주다.

(예).

年. 辛未.　乙木이 丑土月이라 丑中辛金이 월간에 투출하

月. 辛丑.　여 편관격을 놓게 된다. 한편 乙木은 신약이나

日. 乙卯.　亥卯未 삼합국을 이루어 신강한다.

時. 丁亥.　그래서 辛金 편관으로 用할 수 있는데 운이 申 酉戌 관향이라 높은 벼슬에 오른 옛 사람의 사 주다.

(3). 재자약살격(財滋弱殺格) – 신왕하여 살로 용신하려는 데 식상의 강약 유무와 관계없이 미약한 칠살을 재성으로 생조해야 운명이 길해진다.

(예).

年. 己酉.　庚金 寅木월에 실령이다. 그러나 庚金 辰土가

月. 丙寅.　많아 신왕사주가 되었다. 신왕 사주에 관살이

日. 庚申.　미약하나 월지에 寅木 재가 丙火 관살을 생하

時. 庚辰.　니 기생회생하다. 壬戌 대운에 형상 여러번 당 하고 辛酉 대운에 사망하다. 사주는 귀격이나 북방 金水운이라 불리하다.

(4). 살중용인격(殺重用印格) – 사주에 관살이 심히 많을

때 관살을 억제하는 식상은 용신이 될 수 없다. 사주에 관살이 많으면 신약인데 일주의 기운을 빼기 때문에 더욱 신약이 된다. 사주에 관살이 많으면 인성으로 관살의 기운을 빼내어 일주를 생하여야 길한 사주가 된다. 즉 관살이 많으면 인성으로 용신해야 한다.

(예).

年. 戊子. 일간 戊土가 甲寅木월 칠살에 극해되어 실령
月. 甲寅. 인데다 시간지에 甲寅木이 있어 신약이다.
日. 戊午. 그러나 일지 午火 인수가 있어 왕한 木기의 생
時. 甲寅. 을 받아 일주을 생조하다. 년지 子水가 午火을
　　　　　충하려 하나 寅木이 있어 水生木. 木生火되어
　　　　　사주가 길해졌다. 대운도 火土운이라 대길한
　　　　　사주다.

(5). 식상제살(食傷制殺) — 일주가 신약이 아니고 관살이 왕성할 때는 식상으로 관살을 억제해야 사주가 길해진다.

(예).

年. 庚申. 일간 甲木 辰土월이라도 쇠약하지 않다.
月. 庚辰. 시지에 寅木이 있어 甲木의 뿌리 단단하다.
日. 甲戌. 庚金 관살 많아 극성이나 丙火가 甲木을 보호
時. 丙寅. 하다. 壬午 대운에 寅午戌火국에 벼슬을 하였
　　　　　다. 丙火가 용신이다.

(6). 제살태과(制殺太過) - 사주에 관살이 있는데 식상이 있어 관살을 지나치게 억제하여 기운을 빼내는데 이런때는 식상을 제거하는 인성운이 길하다.

(예).

年. 辛卯. 일간 丙火가 戌土에 생하여 실령이라 신약하다.

月. 戊戌. 년지 卯木은 辛金이 극하여 약하나 亥卯木국

日. 丙辰. 반합이라 기사회생이다. 식상 4개가 亥水 관살

時. 己亥. 을 억제하니 힘이 없다. 乙未 대운 亥卯未 3합
　　　　에 과거 급제하였으나 甲午 대운 己巳년에 졸
　　　　망한 사주다.

(7). 관살혼잡격(官殺混雜格) - 이는 사주내에 정관과 편관이 혼잡되어 있는 것을 말한다. 관살혼잡은 정관이나 편관이 사주에 하나만 있는 것보다 격이 낮은 사주로 보는데 이것은 신약사주에 관살이 너무 왕성한때이고 신강 사주에는 관살이 혼잡되어 있어도 무방하다고 본다.

　관살혼잡에 있어서 비겁 인성이 약할 때는 편관이나 정관 어느 한쪽을 제거해야 사주가 맑아지는데 편관이나 정관 하나만 제거하는 것은 합을 이루어야 되는데 편관을 제거하고 정관을 남기는 것을 합살유관(合殺留官)이고 정관을 제거하고 편관을 남기는 것을 합관유살(合官留殺)이라고 한다.

(예).

年. 戊申. 일간 丙火 亥水월에 생하니 실령이라 신약이다.

月. 癸亥. 水 관살 심히 왕성하고 木 인성이 없어 중화 되

日. 丙午. 지 못함. 관살혼잡이라 그러나 戊癸火 합되어

時. 壬辰. 합관유살이 되어 사주가 맑아졌다. 대운 일로
火木 운이라 대길 중년에 벼슬한 사주다.

3. 재성 – 재격에는 정재격(正財格)과 편재격(偏財格)과 종재격(從財格)이 있는데 종재격은 외격에 속하므로 여기서는 우선 내격인 정.편재격만 다루기로 한다.

(1). 정재격 – 월지의 정기가 정재에 해당하거나 월지의 암간에 정재가 있어 년.월.시.干에 투출되어 있으면 정재격에 속한다.

(예).

年. 戊寅. 일간 庚金이 卯木월에 생하여 실령하였으나

月. 乙卯. 일지 申金에 녹근하고 시지 酉金의 도움이 있

日. 庚申. 고 년간 戊土가 생하니 재을 감당 할만하다.

時. 乙酉. 그러나 卯木월의 재는 월간 乙木 정재가 투출
하여 정재격이 분명하다. 그러나 일주보다도
재성이 왕하니 일주가 힘을 받아야 한다. 대
운에서 巳午未운은 불길 하였으나 비겁인 庚
申.辛酉 운에는 많은 재산을 모았던 사주다.

(2). **편재격** – 월지의 정기가 편재에 해당하거나 월지에 암장된 편재가 년.월.시.天干에 투출되었으면 편재격에 해당 한다.

(예).

年. 乙酉. 일간 辛金이 卯木월 이라 실령하여 신약이다.

月. 乙卯. 그러나 년지 酉金과 일지 丑土와 시간 辛金과

日. 辛丑. 酉丑金 반국이라 사주가 강해졌다.

時. 辛卯. 월지 卯木 편재는 년월간 乙木에 녹근하니 편재격이 분명하다. 일간 辛金에 비해 재가 좀 왕하다. 초년 水木운에 발전이 없었으나 庚戌운부터 신강해져 재를 감당하여 크게 발전한 옛 중국사람의 사주이다.

4. 인성 – 인성에는 정인(正印)과 편인(偏印)격이 있다. 편인을 도식(倒食−식상의칠살)이라 하는데 대개의 경우 정.편인을 막론하고 인수격으로 통칭한다.

(1). **인수격** – 월지의 정기가 인수에 해당하거나 월지의 암간에 인수가 있어 년.월.시.천간에 투출되어 있으면 인수격이라 한다.

(예).

年. 丙寅. 일간 壬水가 酉金월에 생하여 득령 하여 신강

月. 丁酉. 이다. 월지 酉金 시간의 辛金에 투출하여 인수
日. 壬戌. (印綬)격이 분명하다. 사주에 재.관.인.이 다왕
時. 辛丑. 하고 오행이 균형을 이루어 길격이다. 월지 酉
　　　　金 인수가 없었다면 신약이므로 인수가 용신이
　　　　다. 이를 인수용인격(印綬用印格)이라 한다.

5. 비겁 - 비견(比肩)과 겁재(劫財)를 말하는데 격을 놓치 않는다. 즉 양인격(羊刃格) 군비쟁재(群比爭財) 살인상정(殺刃相停)을 놓을 수는 있다.

(1). 양인격 - 양인(羊刃)을 양인(陽刃) 이라고도 한다. 월지에 양인을 놓의면 양인격인데 양일간에만 해당하고 겁재에 해당하기도 한다. 사주에 재성이 있는데 양인(劫財)이 있으면 매우 꺼린다. 신강사주에 양인이 있으면 관살이 있어야 양인을 억제할 수 있다. 정관은 양인을 억제하고 편관은 양인과 살인상정을 이룬다. 즉 살(殺)과 인(刃)이 합을 이루어 흉운을 길운으로 만들기 때문이다.

(예).
年. 辛未. 일간 丙火가 午火월에 생하니 득령이라 신강
月. 甲午. 하다. 寅午火국 寅木과 월간 甲木 인수가 있어
日. 丙寅. 왕하니 일주 태강이다. 火에 종할 것 같으나
時. 癸巳. 시간 癸水가 있어 종강이 안되므로 왕한 火을
　　　　억재해야 한다. 특히 월지 午火 양인은 년간 辛

金 재성을 겁탈하나 시간의 癸水로 양인을 막아야 하나 癸水도 힘이 부족하다. 癸巳 壬辰 辛卯 庚寅 운에는 木운이지만 천간이 金水운이라 간신이 지냈을 것이다. 이후 亥子丑 북방 水운이라 午火 양인을 억제하니 좋았으리라 본다.

(2). 군비쟁재 – 군겁쟁재 라고도 하는데 군비(群比)나 군겁(群劫)은 사주 내에 비겁이 많은 것을 말하고 쟁재(爭財)란 재성을 서로 가지려고 다툰다는 뜻이다. 즉 사주에 재성이 3이고 비겁도 3이면 공평하게 나누어 가지는데 비겁이 3이고 재는 하나일 경우 형제끼리 서로 싸움이 벌어지는데 이것을 군비쟁재라 한다. 다시말하면 밥 한 그릇에 여러 명의 형제가 서로 먹으려고 싸우는 형태를 말한다.

(예).   (대운).(여)
年. 癸巳. 乙丑 일간 壬水가 子水월에 생하니 신강이다.
月. 甲子. 丙寅 壬에 子월 양인격도 된다. 또 년간에 癸
日. 壬辰. 丁卯 水 시간에 辛金과 子辰水국과 辰丑중 癸
時. 辛丑. 戊辰 水가 있어 비겁이 많은데 년지에 巳火 재
        己巳 성하나만 있다. 신왕이면 재관으로 용하는데 재는 약하고 丑辰土관은 월간 甲木에 억제되어 재관보다 甲木 식신으로 水의 기운을 빼내야 한다. 이 사주는 비겁은 많고 재성은 하나뿐이라 군비쟁재

를 이룬 사주다.

(3). 살인상정 - 살(殺)은 칠살이고 인(刃)은 양인을 말한다. 모두 흉살이라 사주에 있으면 좋지 않다. 칠살은 일간을 충극하는 살로서 신강사주는 견딜 수 있지만 신약사주는 항상 관재 구설 손재가 있고 양인은 겁재에 해당하여 칼이나 다른 무기로 나의 재물 재산 여자를 강제로 뺏어가는 살로서 사주가 강하면 더욱 흉살로 변하고 사주가 약할 때는 일주를 도와주는 형국이라 무조건 흉신으로 보아서는 안된다. 살인상정을 이루는데는 오직 갑.병.무.경.임. 양일간에만 볼 수 있는데 사주에 양인도 있고 칠살도 있으면 반드시 간합(지장간참조)하도록 되어 있으니 참고바라며 사주가 신왕에 간합이 되면 일주를 도우니 군인이나 경찰이나 법관으로 출세한다.

(예).

年. 甲子. 일간 甲木이 卯木월에 생하여 강하고 양인격인
月. 丁卯. 데 일시지에 申酉金 관살이 왕하여 좀 두렵다.
日. 甲申. 특히 일지에 申金이 두려운데 월지 양인인 卯木
時. 癸酉. 중 乙木이 일지 申金 중 庚金과 乙庚金으로 합
이 되고 살인상정이 되어 귀하게 된 사주이다.

제3절. 외격(外格)의 구성.

외격을 종격(從格)이라고도 하는데 사주에 식상. 재성.

용신과 격국(用神.格局)

관성. 인성. 비겁 중 한두가지 육신이 있어 사주의 대부분을 차지하고 있는 육신의 기세에 따라 용신을 정하는 사주를 말한다. 외격으로 종격(從格).조후(調侯).통관(通關).양신성상격(兩神成象格). 삼신성 상격(三神成象格). 등은 모두 외격에 속한다. 통관 조후는 외격이지만 절차상 앞장에서 설명하였으므로 여기서 생략한다.

1. 종격 – 사주팔자의 전부 또는 대부분을 한두가지의 육신이 차지하고 있어 내격처럼 일주를 중심으로 신강 신약의 억부법을 쓰지 않고 사주의 대부분을 차지하고 있는 육신의 세력에 따라 용신을 정하는 것이다.

또한 종격에는 비겁과 인성이 사주의 전부 또는 대부분을 차지하고 있는 것을 종강격과 종인격이라 하는데 비겁보다 인성이 많은 것을 종강격 인성보다 비겁이 많은 것을 종왕격이라 하는데 사주을 감정하는 데는 대동소이(大同小異)하므로 번잡을 피해 종강격으로 풀이한다.

＊참고.

비겁과 인성의 세력에 종하는 것을 종강(從强).

식상의 세력에 종하는 것을 종아(從兒).

재성의 세력에 종하는 것을 종재(從財).

관살의 세력에 종하는 것을 종살(從殺).이라고 한다.

사주에 비겁과 인성이 전혀 없고 있더라도 미약하고 식상 재성 관살의 三神의 세력이 똑같이 왕하여 구별할 수 없는 것을 종세(從勢)라고 한다.

2. 종강격 – 사주의 대부분을 비겁이나 인수가 있어 일주가 왕성하나 인성보다 비겁이 많을 경우 비겁에 종하는데 관살이 없어야 하며 관살이 있으면 파격으로 다른 격을 놓아야 한다. 종강격은 일주에 따라 정해진 명칭이 있으므로 분류해서 설명하기로 한다.

(1). 곡직인수격(曲直仁壽格) – 甲乙木 일생으로서 지지에 亥子水나 寅卯 辰월이나 亥卯未 전부가 있고 庚申.辛酉金이 없는 것을 말한다.

(예).　　(대운).

年. 甲寅.　戊辰　乙木일생이 卯木월에 득령하고 甲木이
月. 丁卯.　己巳　투출 寅卯와 亥未로 木의 반방 반국을
日. 乙未.　庚午　이루어 木기에 합세하니 木이 태왕이라
時. 丙子.　辛未　곡직격을 이루었다. 월간의 丁火가 수기
　　　　　壬申　유행하여 木의 왕기를 설기시키고 있
　　　　　　　　다. 巳午未 남방 火운에 발달하다가 申
　　　　　　　　酉金 운에 들면서 용신 木을 극하니 관
　　　　　　　　직에서 물러나게 되었다.

(2). 염상격(炎上格) – 丙丁火 일생으로서 지지에 巳午未火 방국 또는 寅午戌火국 전부가 있고 火을 극하는 壬癸 亥

子 水나 申子辰 水국이 없는 것을 말한다.

(예).

年. 乙未. 庚辰 丙火일생이 巳월에 출생 녹근이라 신왕

月. 辛巳. 己卯 이다. 巳午未화 방국이고 년간 시간의

日. 丙午. 戊寅 乙甲木이 합세하여 일주를 돕고 있으며

時. 甲午. 丁丑 水기(官殺)가 없으니 염상격으로 丙火에

　　　 丙子 종해야 한다. 寅卯辰木 대운은 丙火을 도

　　　　　　 우니 길운이고 亥子丑水 운은 용신의 근

　　　　　　 거지인 午火을 충극하니 졸하고 말았다.

(3). 가색격(稼穡格) – 戊己土 일생으로서 지지에 辰. 戌.
丑. 未. 土가 전부 있고 甲乙. 寅卯. 亥卯未.木이 없어야 한다.

(예). (대운).

年. 戊戌. 己未 戊土 일생이 午火월에 득령하고 년월간

月. 戊午. 庚申 戊土에 착근하여 일주를 돕고 일시지에

日. 戊辰. 辛酉 도 辰丑土가 있어 土의 세력이 왕성하니

時. 癸丑. 壬戌 가색격이 분명하다. 가색격은 木운을 가

　　　 癸亥 장 꺼리는데 다행이 申酉戌金 대운이라

　　　 甲子 土의 기를 유행시켜 발복하다가 甲子木

　　　 乙丑 水운에 신병으로 앓다가 乙丑 대운에 사

　　　　　　 망한 사주이다. 원인은 甲木이 子水의 생

　　　　　　 을 받아 土을 극했기 때문이고 乙丑 대운

에는 乙木이 辰중 乙木과 합세하여 용신
土을 극했기 때문이다.

(4). 종혁격(從革格) - 庚申金일 생으로 지지에 申酉戌 이
나 巳酉丑 전부가 있고 丙丁.巳午.寅午戌火 국이 없어야 한
다. 운에서는 土金운을 기뻐하고 火운을 꺼린다.

(예). (대운).

年. 辛巳. 庚子 辛金일생이 丑土월에 생하고 巳酉丑金
月. 辛丑. 己亥 국을 이루고 년월간에 辛金이 투출하고
日. 辛酉. 戊戌 시지 未土 일주을 생하니 사주가 金의
時. 乙未. 丁酉 세력이다. 시간의 乙木 재성만이 일주을
　　　　　　　돕지 못한다. 년지 巳火는 巳酉丑 합금
　　　　　　　하여 辛金을 극하지 못하고 일주를 도우
　　　　　　　니 종혁격에 해당한다. 대운일로 金水운
　　　　　　　이라 초년부터 말년까지 나쁜 일이 없이
　　　　　　　부귀를 누린 사주다.

(5). 윤하격(潤下格) - 壬癸水 일생으로 지지에 亥子丑 이
나 申子辰 전부 가있고 戊己. 辰.戌.丑.未.土가 없어야 한
다. 단 辰.丑土는 申子辰水국과 亥子丑水방국을 이루어 水
로 변하면 무방하다. 윤하격은 火土운을 가장 꺼린다.

(예). (대운).

年. 壬子. 壬子 癸水 일생이 亥월에 출생 득령하고 지지

月. 辛亥. 癸丑 에 亥子丑水 국이라 윤하격이다.

日. 癸丑. 甲寅 초년운은 壬子 癸丑 이라 길하여 공부를

時. 壬子. 乙卯 잘해 甲寅木 대운에는 수기하여 과거에

　　　　　丙辰 급제하고 乙卯 대운에는 군수을 거처 도

　　　　　　　　지사를 지냈으나 丙辰 대운에는 재운이

　　　　　　　　라 군비쟁재 하여 죽고 말았다.

3. 종세격(從勢格) － 사주팔자에 재성과 관살과 식상의 셋 육신이 똑같이 왕성하여 그 세력을 구별할 수 없는 것을 말하는데 사주 내에 인성 과 비겁이 없거나 있어도 심히 미약할 때 재성 관살 식상 중 어느 하나가 특별이 왕성 할 때는 그 세력에 종 한다는 뜻으로 종아격(從兒格) 종재격(從財格) 종관살격(從官殺格) 등으로 결정하면 된다. 그러나 종세격은 재성 관살 식상의 강약을 구별할수 없는 것을 말하므로 다음과 같은 원칙에 의하는데 오행 상생의 원리에 의해 식상과 관살을 화해(和解) 시키는 오행 즉 재성이 가장 좋고 다음 이 관살 그다음이 식상운이 좋다. 종세격은 비겁 인성운이 가장 흉운이다.

(예). (대운).

年. 癸巳. 丙辰 辛金일생이 巳火월에 출생 실령이고 일

月. 丁巳. 乙卯 지 未土 인수을 제하고는 도와줄 육친이

日. 辛未. 甲寅　없다. 사주에 巳午未火 방합에 월간 丁
時. 甲午. 癸丑　火 투출하니 종살이 된다. 년간에 미약
　　　　壬子　한 癸水가 있어 사주에 병이고 용신에 병
　　　　癸丑　도된다. 寅卯辰木 대운에는 길운이나
　　　　　　　대운에 巳丑金 반국을 이루어 년간 계수
　　　　　　　인 병통을 생하니 중병에 걸리고 壬子水
　　　　　　　대운에 병통이 더욱 악화되어 불행을 당
　　　　　　　한 옛사람의 사주다.

4. 종아격(從兒格) – 사주가 전부 또는 대부분이 식상이
거나 식상으로 방이나 국을 이루어 태왕해야 한다. 종아격
은 재성이 사주에 있거나 재성운이 오면 길하여 부귀한 팔
자가 많고 인품 좋고 총명하여 학문에도 소질이 있으며 비
겁운은 재를 극하므로 불길하며 관살운도 불길하나 인성
운이 제일 불길하다.

(예).

年. 丙戌.　甲木일생이 午火월생이라 상관이요 일지 午火
月. 甲午.　寅午戌火국이고 년시간에 丙火가 중중하니 상
日. 甲午.　관이 태왕하다. 甲木일이 시지 寅木에 녹근하고
時. 丙寅.　월간 甲木이 비견이라 종아가 안될 것 같으나
　　　　　寅木은 寅午戌火국이 되고 월간 甲木은 월지 午
　　　　　火에 사(死-십이운성)궁이라 힘이 없다. 그래서
　　　　　이 사주는 그냥 식상에 종해서 종아격이 된다.

5. 종재격(從財格) – 일주가 심히 미약하고 사주에 재가 대부분이거나 재로방국이나 합국을 이루고 비겁이 사주에 없거나 있더라도 무근이거나 다른 육신에 파극되어 일주를 생조할 수 없어야 종재격를 놓을 수 있다. 종재격은 사주에 비겁이나 인수가 있거나 운을 만나면 대흉하고 재나 관살운은 길하다. 종재격은 사주에 식상이 있거나 식상운이 오면 재를 생하므로 길하며 공명성도 있으며 일생 동안 흉한 일을 당하지 아니한다. 종재격은 비겁운을 싫어 하는데 식상이 있으면 상생하여 재을 생하기 때문에 길운이 된다. 종재격은 사주에 식상이 없으면 학문에는 취미도 없고 비겁운에는 크게 흉한 일을 당한다.

(예). (대운).

年. 壬午. 丁未　癸水일생이 午火월에 생하여 신약이데
月. 丙午. 戊申　寅午火 반국에 巳午火가 있고 월간 丙火
日. 癸巳. 己酉　가 투출하여 재가 창궐하다. 년간 壬水도
時. 甲寅. 庚戌　뜨거운 火에 말을 지경이라 癸水에 도움
　　　　辛亥　이 안된다. 할 수 없이 왕성한 재성에 복
　　　　　　　종하니 종재격이요 용신도 된다. 초년운
　　　　　　　은 丁未火 대운이라 부자집에 태어나 귀
　　　　　　　하게 살았으나 申酉金 운에는 일주 癸水
　　　　　　　를 생하여 가운이 어려워 졌고 庚戌운
　　　　　　　에 寅午戌火국이라 큰 돈을 벌었으나 亥
　　　　　　　子水 운에는 종재가 파격이 되어 재산을

다 없애고 병까지 들어 사는 것이 죽는 것만 못하는 사주이다.

6. 종관살격(從官殺格) – 사주에 관살이 태왕하고 인수 식상이 없고 일주가 심히 미약하면 종살격에 해당한다. 종 살격의 사주는 일반 사주와는 달리 인수와 비겁 이 사주에 있거나 운을 만나면 크게 흉하고 재나 관살운을 만나면 대 길할 수 있으나 식상운은 관살과 상충되어 대흉하다. 사주 팔자에 한가지 육신이 많을 때는 서로 싸우는 것보다 설기 시켜 힘을 빼내는 것이 길한 운명이라 하겠다.

(예).(대운).

年. 戊申. 癸亥　乙木일생이 戊土월에 생하여 신약이다.

月. 壬戌. 甲子　사주에 재성3개 관성2개로서 대부분을

日. 乙丑. 乙丑　차지하고 있어 더 신약해 졌다. 월간 壬

時. 乙酉. 丙寅　水와 시간 乙木으로 용할까 하나 신통치

丁卯　않다. 월간 壬水는 년간 戊土에 극을 받 고 시간 乙木은 시지 酉金에 극을 받아 제거되니 효력이 없다. 재나 관살 중에 종해야 하는데 土재는 金관살을 생하니 氣가 관살에 몰려 있어 재보다 관살이 왕 하여 종살격에 용신도 되었다. 종살격에 월간 壬水가 있어 가종(假從)인데 대운에 서 水.木(인수.비견)운이라 종격이 파격

149

이라 되는 일이 없고 겉보기는 좋아도 실속없이 살아간 사주이다.

7. 일행득기격(一行得氣格) - 독상(獨象)이라고도 한다.

종강격의 일종으로서 사주오행의 기가 모두 일간과 같은 오행에 집중되어 잡기(雜氣)가 없이 순수하게 이루어진 것을 말하는데 종강격의 구성과는 의미가 좀 다르다. 종강격은 식상 재성 관성이 있어도 일주가 태강하여 식.재.관.으로 억제 못할 때 놓게되나 일행득기격은 비겁만으로 되거나 인수 비겁 두 육신으로만 되어야 한다. 한가지 세력으로만 이루어진 사주를 독상 또는 일행득기격 또는 일기성상격(一氣成象格)이라 한다. 또 두가지 세력으로만 이루어진 사주를 양상(兩象) 또는 양기성상격(兩氣成象格) 또는 양신성상격(兩神成象格)이라 한다. 또 세가지 세력으로만 이루어진 사주를 삼상(三象) 또는 삼기성상격(三氣成象格) 또는 삼신성상격(三神成象格)이라 한다. 이상의 세 가지 사주도 억부법을 쓰는 내격에 우선하여 일기.양기.삼기.의 오행에 종하게 되므로 종격에 포함시켜 다루기로 한다. 일행득기격의 사주팔자는 전부가 비겁으로만 되어 있어야 한다.

(예).

年. 壬申. 壬水일간이 子水월에 생하고 水金土 로만 되

月. 壬子. 어 있다. 일지 辰土는 申子辰水국 삼합하여 水

日. 壬辰. 로 변하고 시간 辛金은 金生水하여 水로 화하

時. 辛亥. 고 水金 비겁 인수로만 되어 있다. 사주오행의
기가 水로 몰려 있어 일행득기격이 되었다. 사
주가 대귀격으로 관살운을 만나지 않으면 부
귀를 누리는 사주다. 이와 같은 사주는 잡기가
섞이지 않아 곡직.염상.윤하. 가색.종혁격.보
다 격이 높은 귀격에 속한다.

8. 양기성상격(兩氣成象格) – 양상 또는 양신성상격이
라고도 한다. 이격을 이루려면 일간과 비겁을 포함해서 인
수와 식상. 인수와 비겁. 비겁과 식상이 비등한 세력으로
이루러 져야 한다. 꼭 두 가지 육신의 세력이 비등해야 양
상격을 놓을 수 있다. 이격도 순수하게 이루어지면 귀격에
속한다.

(예).

年. 壬子. 癸水일간이 辰土월에 생하니 신령에 신약이다.

月. 甲辰. 그러나 월지 辰土는 子辰水 반국으로 년간 壬

日. 癸卯. 子水에 착근 水기가 왕하고 월시간 甲木에 寅

時. 甲寅. 卯辰 木방이라 사주가 水木. 비겁 식상으로 으
로 구성되어 양기성상격이다. 水기가 木기에
부족함으로 인수 비겁운을 기뻐하고 관살운은
좀 꺼린다. 인수 비겁. 비겁 식상.으로 양신을
이루면 귀격으로 본다.

9. 삼기성상격(三氣成象格) — 삼상 또는 삼신성상격 이라고도 한다. 이격을 이루려면 인수.비겁.식상 또는 비겁.식상.재성. 또는 관살.인수.비겁.으로 되어 형세가 비슷하면 삼기성상격을 놓을 수 있다. 그래서 용신을 셋의 육신을 쓰기에 세가지 오행에 종해야 한다. 이격은 세가지 육신으로 되어 있어 어느 운에나 다 발복하기에 귀격으로 취급한다.

(예).

年. 戊戌. 庚金일간이 申金月에 생하니 득령이라 신강하
月. 戊申. 다. 그러나 戊.戊.戌土 인수와. 庚..庚.申金 비
日. 庚子. 겁과. 申子辰水局 삼상과 삼 세력이 비슷하여
時. 庚辰. 상생관계을 이루었으니 격도 맑고 순수하여 길
　　　　격 사주로서 손상이 없는 삼기성상격을 이룬
　　　　사주이다.

10. 가종격(假從格) — 종격은 사주내의 오행인 일간과 동기인 비겁에 종하는 종강격을 제외하고는 일주가 심히 태약해서 세력이 강한 육신에 어쩔수 없이 복종하는 것을 말한다. 일주가 태약한 상태에서 비겁이나 인수가 있더라도 근이 없고 심히 약하여 왕성한 재나 관살에 저항할 수 없어 종하는 게 가종이고 진종은 사주 내에 일점의 비겁 인성이 없어 종하는 것을 말한다. 진종에도 대운에서 비겁 인수를 만나면 가종이 되어 불길한 운명이 된다. 또한 사주가 가종이더라도 대운에서 가종인 비겁 인성을 제거하는 육

신의 운이 온다면 발복하나 비겁 인성을 만나면 가종마저도 파격이 되어 아주 불리한 운명이라 하겠다. 일반적으로 지지에 비겁 인성이 있으면 종격으로 보지않고 억부법으로 볼 것이다. 천간에 한두개의 비겁 인성이 있거나 지지에 한 두개의 비겁 인성이 있더라도 나머지 육신의 간지가 식상 재성 관살로 되어 있어 비겁 인성이 파극이 되었을 때 이를 가종이라 하나 종격과 같은 법칙에 의한다. 앞에서 기술했지만 식상이 많을 때는 종아.이고 관살.이 많을 때는 종관살.재성이 많을 때는 종재격.으로 사주를 감정하면 된다.

(예). (대운).

年. 甲子. 癸酉　丁火일생이 申金월에 실령하고 金水가

月. 壬申. 甲戌　많아 살이 지극히 왕성하다.

日. 丁亥. 乙亥　년간 甲木인 인수가 관살인 水의 생을 받

時. 庚子. 丙子　아 힘이 있어 보이나 水인 살에 종할까

　　　　丁丑　甲木인 인수에 의지할까 망설이다 水의

　　　　戊寅　세력을 감당할 수 없어 결국 水인 관살
　　　　　　　에 종하니 이것이 바로 가종이다. 대운
　　　　　　　일로 金水운이라 살이 더 강해져 진종
　　　　　　　으로 변하여 크게 발복한 사주이나 戊
　　　　　　　寅 대운에 년간 甲木이 寅木운에 근하여
　　　　　　　강하고 戊土는 旺水에 무너져 가종이던
　　　　　　　사주가 아주 파괴되어 큰 재앙을 만난
　　　　　　　사주이다.

11. 화격(化格) – 종격과 비슷한 것으로 종화(從化)라고도 한다. 간과 지에는 합하는 육신이 있는데 여기서는 지합이 아니고 천간합을 말하는데 반드시 일간이 월간과 시간의 합신 (合神)이 있어야 이 격이 성립될 수 있다. 일간과 간합한 오행이 득령하여도 타주에도 같은 오행이 많고 화한 오행을 극하는 오행이 없어야 한다. 간합이 표시하는 오행의 간지가 많을수록 길한데 부족하면 생해주는 오행이 길하고 태과하면 설기시키는 오행이 길하다. 이를 일간별로 화격이 이루어질 수 있는 조건을 자세히 설명한다.

(1). 甲己는 간합하여 土가 되는데 甲일생이 월이나 시간에 己土가 있던지 己土일생이 甲이있고 월지에 辰.戌.丑.未.월생이고 타주에도 土가 많은가운데 甲乙寅卯木이 없어야 甲己土 화격이 이루어 진다.

(2). 乙庚은 간합하여 金이 되는데 乙木일생이 월간이나 시간에 庚金이 있던지 庚일생이 乙木이 있고 申酉金 월생이며 타주에도 金이 많은 가운데 丙丁.巳午火가 없어야 乙庚金 화격이 이루어진다.

(3). 丙辛은 간합하여 水가 되는데 丙火일생이 월간이나 시간에 辛金이 있던지 辛일생이 丙화가 있고 亥子水 월이며 타주에도 水가 많은데 戊己. 辰.戌.丑.未.土.가 없어야 丙辛水 화격이 된다.

(4). 丁壬은 간합하여 木이 되는데 丁火일생이 월간이나 시간에 壬水가 있던지 壬水일생이 丁火가 있고 寅卯木월생

이며 타주에도 木이 많은 가운데 庚辛申酉金이 없어야 丁
壬木 화격이 이루어진다.

　(5) .戊癸는 간합하여 火가 되는데 戊土일생이 월간이나
시간에 癸水가 있던지 癸水일생이 戊土가 있고 巳午火 월
생이며 타주에도 火가 많은 가운데 壬癸亥子水가 없어야
戊癸火 화격이 이루어진다.

(예).　(대운).

年. 戊辰.　癸亥　이사주는 甲己土 화격이다.
月. 壬戌.　甲子　甲己土에 戊土 월생이며 대부분 火土가
日. 甲辰.　乙丑　차지하고 있다. 壬水는 戊土가 억제하고
時. 己巳.　丙寅　있다. 초년운은 土와 상충되는 水木운이
　　　　　丁卯　라 불길하며 乙丑 대운 丑 대운에 급재
　　　　　　　　하여 벼슬에 오른 사주다.

12. 가화격(假化格) － 일간과 간합하여 화한 오행의 세
력이 태왕되는 화기(化氣)와 상충되는 간지가 있는 것을 말
한다. 즉 甲己土 화격에 있어 土기와 상충되는 木이나 水기
가 사주에 있는 것을 가화격이라 한다. 가화격은 유년시 고
독하거나 고난이 많은 것이 특징이나 가화격도 화격과 같
이 길운을 만나면 부귀공명할 수 있으나 흉운을 만나면 성
격이 거만해지고 의심도 많으며 평생되는 일이 없는 팔자
다. 가화격과 신약사주의 구별은 일주를 생부하는 육신이
무력한가 아닌가에 의하는데 이런 점을 주의하기 바란다.

(예).

年. 丁未. 己土일생이 辰土월에 생하고 己土 일간과 월간

月. 甲辰. 甲木이 간합하여 화격이나 시간에 甲木이 있어

日. 己巳. 가화격이면서 쟁화(爭化)가 된 사주이다.

時. 甲戌.

(예).

年. 丙午. 戊土일생이 월간 癸水와 간합하여 火로 化하고

月. 癸巳. 巳火월생에 巳午火가 많아 화격을 이루었다.

日. 戊戌. 쟁합되는 戊癸火가 없고 火을 극하는 壬癸 亥

時. 丁巳. 子水가없으니 화격이 진격이 된 귀한사주이다.

제4장 특수격(特殊格).

특수격이란 정격-(內格) 및 종격 이외의 특별하게 길격(吉格) 또는 귀격(貴格)에 해당하는 사주을 말한다. 일반적으로 사주구성상 특수격에 해당하더라도 정격이 있으면 정격 용신을 우선하는게 원칙이나 정격에 해당하지 않을 경우 특수귀격을 놓아야 한다. 사주감정을 하다보면 격이 없는데도 부귀하는 사주가 있는데 이것은 귀격에 해당하기 때문이다. 사주 팔자중에 가장 길한 것은 사주의 구성이 중화된 사주라고 본다.

이미 설명한 내격도(억부법) 강자는 억제하고 약자는 생조하여 사주상의 오행을 중화시키는데 있으며 대개의 사주는 오행이 중화되지 아니하여 신왕되거나 신약이거나 용신이 부족하거나 있어도 신살에 파극되어 힘이 없거나 한 두가지 오행이 빠지거나 하는데 이런 사주는 용신과 합을 이루면 길한 운이나 용신과 상반되는 운이 오면 흉한 역경에 처하게 된다. 그러나 중화된 사주는 순운(順運)이 오면 큰 발전이 있으며 역운(逆運)에도 이겨내는 운으로 볼 수 있다.

특수격 즉 길격사주는 운명의 길흉(吉凶)이 상반되어 큰 인물이 되어 부귀영화를 누리던지 아니면 아주 빈곤하게 살아가는 사주팔자며 특히 여자사주의 특수격은 일신상의 부귀영화를 누릴 수 있으나 가정운이나 자식 남편궁은 불리하게 작용하여 독신녀가 많다. 그래서 여자 사주는 남자 사주보다 훨신 중화되어야 하고 정신기 삼자가 잘 조화를 이루어야 길격으로 본다.

정신기(精神氣)에 精이란 일간을 생하는 육신인 인수를 말하고 神이란 일간을 극하는 육신인 식.재.관.을 말하고 氣란 일간과 동기인 비겁을 말한다.

사주가 정만 왕해도 안되고 기만 왕하면 사주가 유통되지 않아 답답하고 신만 왕하면 사주가 유약하여 불길하다. 반대로 정이 부족하면 사주가 신약이라 불길하고 기가 부족하면 정신이 족하더라도 부귀가 오래가지 못하고 신이 부족하면 사주가 쓸모없는 팔자라 하겠다.

사주 팔자의 구성은 음양오행이 조화를 잘 이루고 중화된 사주에 정신기가 충족하여 조화가 이루어지면 부귀공명을 누리게 된다. 특수격은 일반 사주와는 달리 신비하고 기이하며 오묘한 명이지만 극히 드물기 때문에 몇 가지만 기술하오니 참고 하여 연구 바란다.

1. 양인격(羊刃格) – 이격은 월지가 양인이 되는 것인데 양일간에만 해당하는 것이다. 양인살은 겁재에도 해당하는 육신으로 정재를 극하므로 남자는 본처와 재물을 없애는 살로도 취급된다. 양인을 억제하는 육신으로는 정관이 있고 편관이 있는데 정관은 바로 억제되고 편관은 양인고 살인상정(殺刃相停)으로 합을 이루어 양인을 억제할 수 있다.

(예).

年. 辛未. 일간 丙火가 午月火에 득령하고 양인이라 강하

月. 甲午. 다. 申辰水 반합국을 이루고 시간에 壬水가 있

日. 丙申. 어 살도 강하다. 하지만 월지 午火의 장간에

時. 壬辰. 丁火가 있어 壬水와 합을 이루어 木으로 변하여 일간 丙火을 도우니 귀한 명이 되었다. 고로 살인상정의 명이 적용된 것이다.

2. 삼기격(三奇格) – 삼기란 甲戊庚(天上三奇). 乙丙丁(人中三奇). 壬癸辛(地下三奇).이 연.월.일.시. 천간에 구비된 것을 삼기라 하는데영웅수재(英雄秀才)로서 귀격사주로 보지만 사주구성이나쁘면 출세을 못해 산에 사는 사람이

많다.

(예).

年.	*甲子.	*丙寅.	*辛巳.
月.	*戊辰.	*丁未.	*癸亥.
日.	*庚午.	*乙巳.	*壬戌.
時.	癸未.	庚辰.	戊申.

* 이 사주는 삼기격을 이룬 사주이다.

3. **오행구족격(五行具足格)** - 사주에 木火土金水의 오행이 다 구비된 것을 말하는데 연.월.일.시. 어디서든 상생하여 막힘이 없어야 한다.

(예).

年. 丙辰. 이사주는 일간 癸水가 卯木을 생하고 卯木이
月. 庚午. 午火을 생하고 午火가 辰土을 생하고 辰土가
日. 癸卯. 庚金을 생하고 庚金이 癸水을 생하여 사주가
時. 辛酉. 유정하여 잘 구비된 사주다. 그러나 오행이 잘
구비되어 있어도 사주가 무정하여 소통이 안되
거나 충극을 하면 길명을 약하게 본다.

4. **천원일기격(天元一氣格)** - 사주 천간의 연월일시가 같은 육신으로 구성된사주를 말하는데 사주상 구성이 특이하여 길격으로 보지만 지지의 구성이나 충.극. 등도 참작해

야 할 것이다.

(예).

年. 丙子.　연월일시가 모두 丙火라 천원일기격이다.

月. 丙子.　또한 지지의 연월일시 까지 모두 子水 이다.

日. 丙子.　길격 사주로 보이나 水火 상극이라 격이 순탄

時. 丙子.　치 않다. 木이 사주에 있어 水生木 木生火 하
　　　　　여 상생 관계를 이루었으면 좋은 명이라 볼 수
　　　　　있다.

5. 괴강격(魁罡格) – 일주의 간지가 괴강에 해당해야 하
는데 연해자평에는 庚辰.庚戌.壬辰.壬戌.을 말하고 명리정
종에서는 庚辰.庚戌.戊戌.壬辰.을 괴강이라 말하는데 어떤
이는 壬戌이다. 戊戌이다.하는데 독자들의 많은 연구가 있
길 바란다. 그리고 괴강은 사주가 신왕해야하고 다른주에
괴강이 있으면 더 길격으로 보는데 여자는 괴강이 또 있으
면 팔자가 센 명이라 불리하다 하겠다.

(예).

年. 丙午.　庚戌일에 酉월이라 녹근하여 신강이고 시간지

月. 丁酉.　에 庚辰 괴강이 있어 괴강격으로 본다 용신은

日. 庚戌.　년간 丁火가 년지 午火에 녹근하여 강하다.

時. 庚辰.　신강에 용신도 강하여 길명의 팔자다.

6. 양간부잡격(兩干不雜格) – 사주의 천간이 연월일시에 오행은 같고 음양이다른 것으로 甲乙.丙丁.庚辛.등으로 이루어 진 것을 말하는데 사주 구성이 기이(奇異) 하여 길격으로 보지만 지지의 구성도 참작해야 한다.

(예).

年. 甲子. 庚辰.
月. 乙亥. 辛巳.
日. 甲子. 庚辰.
時. 乙亥. 辛巳.

＊ 양간부잡격을 이룬 사주이다.

7. 천간순식격(天干順食格) –이 격은 년간에서 월간.일간.시간.으로 생하는 것을 말하는데 양은 양끼리 음은 음끼리 상생해 나가는 것을 말한다. 즉 년간 조상에서 월간 부모 일간인 나에게서시간인 자식 말년까지 상생한다고 해서 일생 큰재앙이 없는 것으로서 길격으로 취급된다.

(예).

年. 甲子. 乙亥. 이 사주는 년간부터 시간까지 연연 생생
月. 丙寅. 丁亥. 하여 천간순식격이다.
日. 戊辰. 己亥.
時. 庚申. 辛未.

8. 사위순전격(四位純全格) – 사주의 지지에 寅申巳亥.
辰戌丑未. 子午卯酉.가 다 있으면 이 격이 성립되는데 사주의 지지에 寅申巳亥.가 다 있으면 사생구전격 (四生具全格)이라하여 장생궁에 해당하는데 남자는 대귀하지만 여자는 풍상과 고력이 많고 辰戌丑未.가 다 있으면 사고구전격 (四庫具全格)이라하여 창고에 재물이 있다는 뜻으로 남자는 대부 대귀할 명이나 여자는 고집이 세고 고독하고 부부 갈등이 심한 명이고 子午卯酉.가 다 있으면 사패구전격(四敗具全格)이라 하는데 도화.함지.목욕.에 해당하여 남녀가 다 음탕하여 가사를 탕진하고 패가 망신하여 빈천한 명이라 하겠다.

(예).

* 사생구전격.

年. 丁巳. 이 사주는 고 박정희 대통령의 사주라 하는데
月. 辛亥. 지지에 인신사해.가 다 있고 건록과 장생궁이
日. 庚申. 라 사주가 강하다. 사생구전격은 사주가 신강
時. 戊寅. 해야 길명이 된다.

* 사고구전격.

年. 戊辰. 이 사주는 고 김영삼 대통령 사주라 하는데 년
月. 乙丑. 월일시에 진술축미.가 다 있어 사고구전격이라
日. 己未. 한다. 또 甲己化土格 이라 乙木이 병이나 丑중
時. 甲戌. 辛金에 제거되어 사주가 맑아 귀한명이 되었다.

年. 辛卯. 이 사주는 지지에 자오묘유.가 다 있어 사패구
月. 庚子. 전격이라 한다.
日. 辛酉. 도화.함지.목욕살.에 해당하여 머리가 영리하
時. 甲午. 고 미남 미녀로서 바람기가 많은 명이라 한다.

9. 지진일기격(地辰一氣格) - 이 격은 사주의 지지에
연월일시의 네가지가 모두 같은 오행으로 된 것을 말하는
데 丑年.丑月.丑日.丑時.로 구성된 것을 말하는데 길격으로
취급된다.

(예).
年. 庚戌. 辛丑. 이 사주가 모두 지진일기격인데 지지가
月. 壬戌. 丁丑. 연월일시에 동일한 오행이면 이 격이 성
日. 甲戌. 乙丑. 립이 되는 전체적인 사주 구성을 참작해
時. 甲戌. 丁丑. 야지 무조건 격으로 취급해서는 안된다.

10. 십간구족격(十干具足格) - 사주 연월일시 간에 있
는 오행은 4개 뿐 이다.그러나 지지의 장간에 암장된 간이
있으므로 이를 합쳐서 년간甲木에서 癸水까지 10간을 다
가춘 사주를 말한다. 사주에 10간이 다 있으면 오행이 다
구비되어 순환상생이 됨으로 구족격보다 더 길격으로 취급
된다.

(예).

年. 甲辰.(乙癸戊). 이 사주는 일간 辛金부터 壬水을 생

月. 壬子.(壬 癸). 하고 壬水는 甲木을 생하고 甲木은 시

日. 辛未.(丁乙己). 지 寅중 丙火와 일지 未중 丁火을 생

時. 庚寅.(戊丙甲). 하고 火는 년지 辰土을 생하고 辰土
는 辛金을 생하니 10간이 생생불식
하여 십간 구족격이 된 명이다. 그러
나 사주의 구성과 오행이 유정한가
무정한가도 참작해야할 것이다.

11. 살인상정격(殺刃相停格) – 사주에 정관과 편관이
있을 때 정관은 관이요 편관은 칠살이라 일주를 극해오기
때문이다. 신강사주에는 편관 칠살이 있어도 무해하나 신
약사주에는 칠살이 있으면 일주인 나를 극해오기 때문에
반드시 양인이 있어야 명이 길해진다. 양인과 편관은 간합
을 이루어 일주를 돕기 때문이다. 즉 양인은 나의 누이 동
생이요 칠살은 나를 극하는 육신으로 누이동생과 암합이
되어 나를 돕는 명이라 하겠다.

(예).

年. 丙午. 이 사주는 일주 壬子일에 子水는 양인이다.

月. 戊辰. 子水 지장간에 壬癸水의 癸水와 월간 편관 戊

日. 壬子. 土와 戊癸火로 합이되어 나에게는 재물로 변한

時. 乙巳. 명이 되었다.

12. **일귀격(日貴格)** - 일지가 정관으로 된 사주을 말한다. 즉. 丙子. 丁亥. 庚午. 辛巳. 일주를 말한다. 일지에 천을 귀인으로 된 사주를 말하는데 즉. 丁亥. 丁酉. 癸巳. 癸卯. 일주를 말한다.

13. **시마격(時馬格)** - 시지에 재성이 있고 신왕사주라야 한다.

14. **복덕격(福德格)** - 己巳. 己酉. 己丑. 일생이 지지에 巳酉丑. 전부가 있는 것을 말한다.

15. **잡기재관인격(雜氣財官印格)** - 辰戌丑未.월생이 辰戌丑未.가 재관 및 관인 또는 재관인이 암장된 것을 말한다. 이상 특수격에 대한 몇가지 예를들어 기술하였다. 특수격에 대한 지식이 있다해도 막상 사주를 감정하다 보면 애매한 점이 많아 일반격으로 판단하기 쉬우므로 독자들의 이해와 연구가 필요할 것이다.

16. 유명 인사의 사주(참고).

이미자 가수.	김승호 배우.	서경보 스님.	문선명 목사.
년. 辛巳.	년. 戊午.	년. 甲寅.	년. 庚申.
월. 戊戌.	월. 庚申.	월. 己巳.	월. 戊寅.
일. 甲午.	일. 戊戌.	일. 己未.	일. 癸丑.
시. 丁卯.	시. 甲寅.	시. 甲戌.	시. 壬子.

심진송 보살.	이병철 삼성.	정주영 현대.	구인회 회장.
년. 庚寅.	년. 庚戌.	년. 乙卯.	년. 丁未.
월. 戊寅.	월. 戊寅.	월. 丁亥.	월. 戊申.
일. 癸巳.	일. 戊申.	일. 庚申.	일. 戊申.
시. 辛酉.	시. 壬戌.	시. 丁丑.	시. 丁巳.
박흥식 화신.	이승만 대통령.	이기붕.	윤보선 대통령.
년. 癸卯.	년. 乙亥.	년. 丙申.	년. 丁酉.
월. 辛酉.	월. 己卯.	월. 辛丑.	월. 戊申.
일. 丁巳.	일. 丁亥.	일. 庚辰.	일. 壬寅.
시. 乙巳.	시. 庚子.	시. 庚辰.	시. 癸卯.
박정희 대통령.	김영삼 대통령.	김대중 대통령.	노태우 대통령.
년. 丁巳.	년. 戊辰.	년. 癸亥.	년. 壬申.
월. 辛亥.	월. 을축.	월. 癸亥.	월. 戊申.
일. 庚申.	일. 己未.	일. 丁亥.	일. 庚戌.
시. 戊寅.	시. 甲戌.	시. 甲辰.	시. 丁丑.
김종필 총리	신익희 선생.	김구 선생	정일권 총리.
년. 乙丑.	년. 甲午.	년. 丙子.	년. 丁巳.
월. 己丑.	월. 辛未.	월. 丙申.	월. 壬子.
일. 丙申.	일. 甲寅.	일. 己巳.	일. 庚戌.
시. 庚寅.	시. 乙亥.	시. 甲子.	시. 丁亥.

제5장 사주 감정시 종합희기법(綜合秘法).

* 왕(旺)하여 강(强)한 것은 억제(抑制)하거나 설기(洩氣)하는 것이 좋다. 식.재.관(食財官)으로 억제하거나 설기한다.

* 일주가 쇠약(衰弱)할 때는 부(扶)하여 도와 주는 것이 좋다. ―인성(印星)이나 비겁(比刦).으로 돕는다.

* 일주가 신강할 때 도와 주는 것은 태과되므로 명(命)이 꺼린다.

* 사주에 관살이 많을 경우 식상으로 제거(制去)하거나 인성으로 설기(洩氣)하면 길한 명이 된다.

* 일간이 약하고 식상이 많을 경우 인성으로 일간을 도와 주고 식상을 제압하는 것도 좋지만 재성이 있어 식상을 설기 하는 것도 좋다.

* 재성이 많아 일간이 신약이 될 경우 비겁이 있던지 비겁운이 오면 사주가 중화(中和)되어 길명이 된다.

* 일간이 약하면 매사 발전이 없고 더디다.

* 일간의 강약(强弱)은 간(干)보다 지(支)를 더 중요하게 본다.

* 천간의 비겁 두개의 육신보다 지지의 한개의 육신을 더 강하게 본다.

* 천간은 반드시 지지에 근(根)해야 사주가 강해지는데 이것을 유근(有根) 또는 통근(通根)이라 한다.

* 일간에서 지지를 보아 12운성에 건록(建祿).제왕(帝王).장생(長生).관대(冠帶).일 때는 근기세(根氣勢)를 얻은

것이고 12운성이 약할 때는 근이 약하여 무근(無根)이라 하며 천간의 비겁 일신보다 지지 중에서 12운성의 생왕을 만나는 것이 더 길명이다.

* **삼기(三奇)란.**
천상삼기(天上三奇) - 갑.무.경.(甲戊庚).
인중삼기(人中三奇) - 을.병.정.(乙丙丁).
지하삼기(地下三奇) - 임.계.신.(壬癸辛)

위의 삼기성은 천간에만 있는 신으로서 영웅 수재 호걸로서 머리가 비상하여 일찍 출세는 하나 운이 불리하면 산에서 사는 사람이 많다.

* 복덕수기(福德秀氣) - 천간에. 을.을.을.(乙乙乙) 三乙이 있거나. 지지에. 사.유.축.(巳酉丑)이 다 있으면 총명하여 복도 많고 출세도 하며 결혼 운도 좋다.
* 일주가 너무 태왕하면 파재 손재 이별수가 있거나 극처할 수 있다.
* 일주가 너무 쇠약하면 병고 흉액 빈천수 등이 있다.
* 일주가 가장 약해지는 육신은 관살이고 다음은 식상이고 그다음은 재성이다.
* 여자 사주에는 관살이 남편인데 관살이 없을 때는 용신을 남편으로 보기도 한다.
* 지생천(地生天) - 지지가 천간을 생해주는 것으로 甲

寅.丙寅.壬申.을 말한다.

 * 천지합(天地合) – 천간이 지지의 장간에 합이 되는 것을 말하는데.

　　戊子 – 子는 지장간에 壬癸가 戊癸火가 되고.

　　辛巳 – 巳는 지장간에 戊庚丙에 丙辛水가 된다.

 * 지생천.천지합.살인상생.된 사주는 상하유정이라 하여 귀격으로 본다.

 * 좌우협기 – 월과일 일과시가 좌우로 천지상생이 되거나 간지상합이 되는 것을 말하며 암장으로 좌우협기가 되어도 귀격으로 본다.

 * 사주 중에서 가장 꺼리는 것은.

 * 대운과 세운이 상충하는 것(子년에 午운. 午운에 子년).

 * 대운과 세운의 지지가 같으면 길흉의 작용이 느리거나 분명치않다. 즉 子운에 子년.

 * 명중에 子午.卯酉沖이 다 있으면 주색으로 파가 망신하고. 寅申.巳亥沖이나 辰戌丑未沖이 다 있으면 남자는 대부 대귀하지만 여자 사주는 고독하고 빈천한 명이다.

 * 사주팔자 중에 辰戌沖이 있는데 대운이나 세운에서 또 충을 만나면 형벌을 받게 된다.

 * 명중에 子卯 三刑이 있으면 집안이 항상 시끄럽다.

 * 신강사주는 부자가 많고 신약사주는 부자가 적은 편이다.

 * 남자 양사주에 신강이면 재복이 많고 여자 음사주에 신강해도 재복이 많다.

 * 여자 사주는 신약이라도 재복은 있으나 년지와 시지가

합이 되면 더욱 좋은 데 모두 다 刑.沖.破.害.空亡.이 없어
야 한다.

   * 년간과 일간이 극하고 년지와 일지가 같이 극하면 단명
하던가 변사(變死)한다.

   * 甲申 일주 출생자가 庚寅년을 만나면 그 년에 사망수
있고 庚寅 일주가 甲申년을 만나도 사망수가 있다.

   * 사주내에 形.沖殺이 있던 없던 태세에서 형.충살이 오
면 운명이 불길하며 년 주에 형.충살이 오면 사회적으로 불
길하고 직업도 변동이 생기고 월주에 형충살이 오면 부모
형제 자매 가정운이 불길하고, 일주에 형충살이 오면 일신
에 변동이나 부부간에 불화가 생기고 이별수도 있다. 또 시
주에 형충살이 되면 자녀 관계 건강 수명 관계 말년이 불길
한 운명으로 본다.

   * 태세와 대운이 형.충이 되면 이동 이사 손재 등 변동수
가 있다.

   * 일주가 태세와 육합이 되면 식구가 늘던지 자녀 손녀가
늘던지 여자로 해서 풍파가 심하다.

   * 역마와 도화가 동주하면 풍류객이 되고 일생 풍파가 있
어 불행하게 지낼 수 있다.

   * 대운은 공망을 보지 않는다.

   * 재다 신약 사주는 부자가(富者家)에서 사는 가난한 명
이다.

   * 丙午.戊午.壬子. 일생은 처궁이 아주 불리하다.

   * 일간과 일지가 동일하면 손재 상처한다.(甲寅.乙卯.庚

申.辛酉.일주).

* 사주 팔자의 근묘화실(根苗花實) 이란.

- ▸ 근(根) - 년주 즉 뿌리를 말하는데 운명의 작용은 초 년과 일생운이고 조상 부모 덕의 유무관계이고 사회 적으로는 윗사람과의 관계 등이고 초년 운으로도 본 다.

- ▸ 묘(苗) - 월주 즉 나뭇가지를 말하며 가정궁으로 부 모 형제 자매와 중년 운으로 보며 대인관계로도 본 다.

- ▸ 화(花) - 일주 즉 꽃을 말하는데 천간은 본인으로 보 고 지지는 결혼한 배우자의 신상관계로 본다.

- ▸ 실(實) - 시주 즉 열매로 보고 유년에서 말년까지 자 손 건강 재운과 대인관계로도 볼 수 있다.

* 여성 사주는 일주가 왕지에 있으면 부를 누릴지라도 남 편을 극하고 일주가 약하면 가난하더라도 남편과 자식을 잘 보전한다.

* 사주에 양인살이 있으면 권세를 잡게되나 양인이 중첩 되거나 건록이 중첩되면 남녀를 막론하고 상부상처한다.

* 여자의 사주는 신강 신약을 떠나 중화되어야 가장 좋으 며 너무 신강하면 극부하고 너무 신약하면 우둔하여 집안 일을 잘 돌보지 못한다.

* 여자 사주는 관성이 합을 이루면 부귀를 얻지 못하고 다른데에 정이 쏠려 자기를 돌보지 않아 남편 덕이 없으며

관성이 일주와 합을 이루면 부망(夫亡)할 수 있다. 그리고 관살이 많아 일주와 다합하면 남편이 많음으로 제가 삼가할 수 있다.

* 여자 사주는 관성을 용하는 게 보통이다.

* 사주에 三合이 있으면 용모가 아름답고 원만하여 총명하고 재복은 있으나 합이 형충을 만나면 불길한 운명으로 본다.

* 월주에 정관 인수 식신을 보면 심성이 착하고 후덕하여 길명이고 겁재 상관 편인을 보면 불길한 명으로 본다.

* 년주가 일주을 형충하면 본인이 화합을 못한다.(庚년주에 甲일주).

* 甲申.乙酉.丁丑.戊寅.己卯.辛未.癸未. 일생은 칠살이 일지에 있어 성격이 급하고 조급하나 총명하고 영리하여 교묘한 팔자이다.

* 지지 三合에 중간자를 대운 년운에서 형충하면 형벌을 받게 되고 병에 걸리기 쉬우며 심하면 불구자도 될 수 있다.

* 寅午戌 三合에 子 대운 년운에는 맹인. 또 三合의 끗자를 형충하면 건강이 약해저 폐병이 든다고 한다. (子-午. 戌-辰. 丑-未).

* 대운에서는 支을 중요시 하지만 년운에서는 干을 중요하게 본다.

* 남명이 겁재을 만나면 흔히 극처(剋妻)하고, 여명이 상관을 만나면 극부(剋夫)하는 경우가 많다.

* 양인살은 甲.丙.戊.庚.壬.의 오양(五陽)에는 강하나,

乙.丁.己.辛.癸.의 오음(五陰)에는 좀 약한 편이다.

* 명중에 金이 空하면 울려 퍼지고, 火가 空하면 발상(發
上)하고, 水가 空하면 흐르고 하여 三字는 길명이고, 木이
空하면 썩고, 土가 空하면 뚝이 무너저 二字는 흉중한 명이
다. 이들은 생년을 기준하여 극해됨이 틀림이 없다.

* 양일간에 양시이면 아들을 많이 두고, 양일간에 음시이
면 선남 후녀를 두고, 음일간에 음시이면 딸을 많이 두고,
음일간에 양시이면 선녀 후남을 둔다. 시상에 상관을 두고
공망이 되면 자식두기 어렵다.

* 세운이 대운을 충극하면 길하나 대운이 세운을 충극하
면 흉운이나 격국이 불길하면 사망까지한다.

* **오행으로 본 질병 관계.**

  ▶ 오장(五臟)은 음에 속함 – 심장(心臟). 폐장(肺臟).
    비장(脾臟). 간장(肝臟). 신장(腎臟). 심포(心包).

  ▶ 육부(六腑)는 양에 속함 – 소장(小腸). 대장(大腸).
    위장(胃腸). 담(膽). 방광(膀胱). 삼초(三焦)을 말한
    다.

  ▶ 木 – 간장 담 신경통 정신병 두통.

  ▶ 火 – 심장 소장 시력 안면 해수 천식.

  ▶ 土 – 비장 위장 복부 피부.

  ▶ 金 – 폐장 대장 근골 사지 기관지.

  ▶ 水 – 신장 방광 혈액 당료 정력 등으로 볼 수 있다.

* 사주내에 상관이 많은데 대운에서 상관이 오면 병충으

로 아프게 되는데 눈 병이 올 수도 있다.

　* 대운에서 비겁이 흉신으로 와도 타육신과 합이 되면 길한 명이 된다.

　* 식신 있는 주가 공망이 되고 충극을 당한사주일 때 대운에서 편관이나 상 관 운이 오면 사망할 수 있다.

　* 사주의 월지가 식신이나 편관일 때 대운에서 편인을 만나면 물에 빠져 죽을 수다.

　* 겁재가 많은 사주일 때 비겁으로 망하는데 비견운을 만나면 대실패한다.

　* 비겁이 많은 사주에 재성이 없는데 대운에서 재운이 오면 군비쟁재가 되어 사업 실패 파산 부부 이별까지하게 된다.

　* 일주가 약할 정도로 편.정재가 많으면 재성으로 인하여 신체 불구가 되는데 대운이나 세운에서 비겁운을 만나면 악운이 해소되어 사주가 길하게 된다.

　* 일주나 시주에 겁재가 있는데 대운 세운에서 겁재운을 만나면 하는 일이 실패하고 만사가 불길해진다.

　* 사주에 식상이 많고 인성이 없어 신약일 때 대운에서 인성운을 만나면 대길 하여 크게 성공할 수 있다.

　* 壬일생 사주가 乙에 상관이면 초년에 패가망신하고 대운 상관을 만나면 대풍파가 온다.

　* 사주 월지가 상관이면서 정관이 사주에 있을 때 대운에서 상관운을 만나면 병이 들어 사망까지할 수 있다.

　* 사주에 정.편재가 많은데 대운에서 식상을 만나면 재산

손재와 처와도 이별 수가 있다.

　＊ 신강 사주에 재성이 있는 주에 12운성의 길성이 있고 대운에서 재성을 만나면 부자가 될 명이다.

　＊ 일지에 겁재가 있으면 처를 극하여 처덕이 없는데 대운 세운에서 겁재운을 만나면 부부 생사별하게 된다.

　＊ 사주에 비겁과 재성이 비등할 때 대운에서 비겁운을 만나면 대성공하는 수가 있다.

　＊ 사주 월지에 식상이 있고 대운에서 편인을 만나면 물에 빠져 죽는 수가 있다.

　＊ 사주에 지지 삼합이 있을 때 중간자을 충하는 대운 년 운에는 형벌을 받게 된다.

　＊ 여자 사주에 비겁이 3개 이상있어 신강사주가 되면 반드시 부부 한탄할 일이 생긴다.

　＊ 남자 사주에 비겁이 3개 이상있어 신강사주가 되면 사업 실패와 부인은 산액을 당한다.

　＊ 신강하고 재성이 약한사주는 정재가 있으면 겁재운에 편재가 있으면 비겁운에 조심해야 한다.

　＊ 신약 사주는 재.관이나 식상운을 만나면 생명이 위험한데 비겁이 용신이면 관살운에 인성이 용신이면 재운에 특히 조심해야 한다.

　＊ 일주가 태왕한 사주는 인성운을 만나면 생명이 위험하다.

　＊ 편.정재가 많고 비겁이 없는 사주에 대운에서 비겁운을 만나면 재산도 불어나고 자식도 생기고 직장도 생기고 승진도하여 성공발전한 명이다.

* 사주 팔자가 전부 양이면 성격이 강직하나 조급한 면이 있고 음이면 침착하나 좀 느린 편이다.

* **월지 기준하여 띄별로 보는 운명의 길흉화복.**
  ▸ **11월달(子-쥐-귀인)** - 조상전에 불도하다 죽은 신 객사부명.
  ▸ **12월달(丑-소-액운)** : 가족과 떨어져 살다 죽은신 조실부모 객사귀신 청춘귀신.
  ▸ **1월달(寅-범-권세)** : 애기혼신 결혼 못하고 죽은신 총.칼.화살.수살신.
  ▸ **2월달(卯-또끼-파)** : 부모나 동기간 중에 청춘 객사 한분 목맨 조상. 악사한분.
  ▸ **3월달(辰-용-간)** : 불사 불교하였거나 벼슬하다 죽은신 벼슬 대명.
  ▸ **4월달(巳-뱀-문)** : 무자혼신 재사 지내야 하는신 조상 불사줄 부명.
  ▸ **5월달(午-말-복)** : 남녀 동기 일신 죽은신 산신벌 조상벌신.
  ▸ **6월달(未-양-역)** : 객사귀신 벼슬대감신 청춘귀신 주당살신.
  ▸ **7월달(申-귀신-고)** : 자식없는 원혼귀신 청춘 애기신 혼신.
  ▸ **8월달(유-닭-인)** : 애기혼신 총각귀신.
  ▸ **9월달(戌-개-예)** : 조상전에 불도하다 죽은신.

▶ **10월달(亥-돼지-수)** : 청춘 액혼신 총각귀신. 해산 귀신.

이것은 생월을 기준한 것이니 참고 바란다.

* 삼재(三災)가 드는해.

▶ 寅卯辰 년에는 申子辰 생이 삼재.

▶ 巳午未 년에는 亥卯未 생이 삼재.

▶ 申酉戌 년에는 寅午戌 생이 삼재.

▶ 亥子丑 년에는 巳酉丑 생이 삼재.

위의 삼재는 3년간 우환이 들어오는데 수재 화재 풍재를 말하며 병고 재난 과재 구설 손재 사고 등 재앙이 많은 운을 말한다. 첫 해는 드는 삼재요. 둘째는 쉬는 삼재. 셋째는 나가는 삼재.라 하여 사망도 할 수 있다.

특히 - 범띠는 원숭이. 해에는 악삼재요.

뱀띠는 돼지.해에 악삼재요.

원숭이 띠는. 범해에 악삼재요.

돼지띠는. 뱀해에 악삼재이다.

삼재 풀이나 부적으로 방편하는게 좋다.

때로는 사주팔자에 따라 복삼재도 있다.

* 대장군방(大將軍方)에는.

▶ 寅卯辰 년에는 亥子丑 북방에 들고.

▶ 巳午未 년에는 寅卯辰 동방에 들고.

▶ 申酉戌 년에는 巳午未 남방에 들고.

▶ 亥子丑 년에는 申酉戌 서방에 든다.

　동.서.남.북. 4방위에 돌아가며 들어오는데 한 방위에 3년씩 머무는 것이다. 대장군 방위로 이사를 하거나 땅을 다루거나 집을 수리하거나 새물건을 들어 올 때는 가정에 우환과 재물 손재 등이 있으며 심하면 병들고 다치고 생명도 위험할 수 있다. 특히 상업 사업자는 실패 수도 있으므로 신중을 기해야 한다.

* 오귀 삼살방(五鬼三殺方)은.

▶ 亥卯未 년에는 申酉戌 서방에 들고.

▶ 寅午戌 년에는 亥子丑 북방에 들고.

▶ 巳酉丑 년에는 寅卯辰 동방에 들고.

▶ 申子辰 년에는 巳午未 남방에 든다.

　오귀 삼살방으로 이사를 하거나 집수리를 하거나 물건을 들어오게 되면 파재 손재 관재구설 아프고 다치고 병고가 있으며 가정에 흉한 일이 발생한다. 대장군 방이나 삼살방으로 이사할 시는 부적이나 부정풀이를 하면 액운을 면할 수 있다.

　* 종재격은 데릴 사위던지 불연이면 처덕으로 가정을 유지 하게 된다.

　* 시주는 운명에 대한 길흉의 결정을 내리는 사령관이다.

　* 戊일생이 辰월이면(지장간-乙癸戊) 乙에 정관이요 癸에는 정재가 되니 재.관이 월지에 감추어져 있어 이것을 잡기재관격(雜氣財官格)이라 한다.

* 잡기(雜氣)란 辰.戌.丑.未.을 말한다.

* 상관이 원진이면 속과 것이 다르고 독활(毒活)로서 남의 흉을 잘보며 독종이 되기도 한다.

* 월지가 비견 겁재 일때는 비견은 건록격이 되고 겁재는 양인격이 된다.

* 사생지(四生地)란 - 寅申巳亥을 말하는데 서로 만남을 꺼린다.

* 사묘지(四墓地)란 - 辰戌丑未을 말하며 사고지(四庫地)라고도 하는데 충을 꺼리지도 기뻐하지도 않으며 오히려 충을 기뻐하는 수가 있다.

* 사패지(四敗地)란 - 子午卯酉을 말하는데 충을 가장 꺼려한다.

* 사주에 한 가지 오행이 태왕하거나 불급하면 병이 되는 것인봐.

- ▶ 木의 사주는 다리에서 낙상 하거나 나무에 목매여 죽거나 산에 가서 호랑이나 뱀에 물려 다치는 수가 있다.

- ▶ 火의 사주는 밤에 잘 때 어지려운 병이 있고 불에 화상을 입을 수.

- ▶ 土의 사주는 돌에 다치거나 구덩이에 빠지거나 담이 무너지거나 산사태로 상해를 입을 수 있다.

- ▶ 金의 사주는 총이나 칼이나 쇠부치에 상할 수 있다.

- ▶ 水 의 사주는 강이나 우물이나 깊고 얕은 물에 빠져 상할 수 있다.

* 사주 내에 丙申. 戊申. 乙酉. 壬寅. 癸卯.가 있으면 총명한 명이다.

* 丑土는 戌. 未을 보면 기뻐한다.

* 木 일주가 寅午戌 三합이 오면 풍병이 생길 수 있다.

* 巳亥충이 있으면 포수술이나 정관수술을 하는 수 있다.

* 사주에 재가 많을 시 결단력이 부족하고 우유부단하며 호기를 놓치고 평생 노력해도 공이 적으며 재물로서 고통이 심하다.

* 상대방의 일지에 나의 공망이 있으면 상대방이 배우자 노릇을 제대로 못함을 암시한다.

* 대운 세운에서 사주의 생시 간지와 동일한 운일 때는 재화(災禍)가 생긴다.(庚子시에 庚子대운 세운).

* 비겁과 재성이 형.충.극.을 하면 도심(盜心)이 있다.

* 겁재가 많은 사주에 재성이 약하면 도심이 있고 재성이 없으면 인정있고 선량한 사람이다.

* 상관은 버릇이 없고 방자 하지만 총명한 신이며 사주가 잘 중화되었다면 큰인물이 되기도 할 명이다.

* 甲 일주에 丁 상관과 乙 일주에 丙 상관은 매우 교만하고 불손하며 부모의 재산을 다 탕진한다.

* 사주내에 정관이 충이 되어 있는데 매년 운에 충이 합이 될 때는 길년으로 본다.

* 정관이 생일과 간합이 되고 또 지지합이 되면 천지합덕(天地合德)이라 하여 귀인의 사주로 본다.

* 일지에 정관이 있으면 임기응변의 재능과 계획성이 있

고 영리하여 재.관운이 길하다.

* 여자 사주에 관살이 많은데 제거하는 것이 없는데 재운을 만나면 색정(色情)으로 사망까지 할 수 있으며 또 정관이 많고 간합이 많으면 승려(僧侶)나 창기나 여첩이 될 수 있다.

* 정관이 형.충.극해가 없고 인수가 있던지 재성이 있던지 하여 중화된 사주는 고관대작이 될 수 있다.

* 木이 정관이면 행정 인사 관리로서 길하며 마음이 착한 명이다.

* 火가 정관이면 문화 교육자로서 길하며 성격이 좀 급하다.

* 土가 정관이면 토목 농림 고관으로서 길하며 성격은 착한 명이다.

* 金이 정관이면 문무 군인 경찰 예술에도 길하며 성격은 강직한 군자의 명이다.

* 水가 정관이면 상.공업이나 발명가가 길하고 활달 하지만 인내심이 좀 약하다.

* 지지에 관살이 있을 때 지합이나 삼합이 되어서 오행으로 변하면 관살로 볼 수가 없다. 즉(甲申 일주가 申子辰 水국일 때).

* 어떤 사주라도 대운이 도식(倒食)이고 세운이 식신이면 흉운이 되고 여명은 자궁에 액이 생기고 간합이 되면 길한 명이다.

* 오행 음양의 성질.(참고).

▶ 甲木은 크고 강한나무 참나무 밤나무 죽송목(竹松木) 아름드리 나무.

▶ 乙木은 작고 약한나무 풀 낙엽송 넝쿨 갈대등.

▶ 丙火는 태양불 강한불 산불 휘발류불 기름의 큰불.

▶ 丁火는 작은불 촛불 성냥불 불씨꺼질 정도의 약한불.

▶ 戊土는 높은산 큰산 큰언덕.

▶ 己土는 작은산 작은 언덕.

▶ 庚金은 큰쇠덩이 강철.

▶ 辛金은 철사 약한금속 약하고 유한 철사줄.

▶ 壬水는 바닷물 강물 홍수등.

▶ 癸水는 개천물 또랑물 그릇에 담긴 물 등.

* 동물 띠로의 성질.(참고).

▶ 子는 쥐 – 몸은 작지만 눈에 광채가 있어 밤에 활동한다.

▶ 丑은 소 – 입술은 있으나 어금니가 없다.

▶ 寅은 범 – 목이 없으면서 화신이 되어 산을 잘 탄다.

▶ 卯는 토끼 – 입술이 적으며 12동물 중에 제일 순한 동물.

▶ 辰은 용 – 귀는 적어도 청각은 아주 밝다.

▶ 巳는 뱀 – 발이 없어도 빨리 달릴 수 있고.

▶ 午는 말 – 겁이 많아 항상 서 있기를 좋아 한다.

▶ 未는 양 – 눈동자가 없어 죽어도 눈을 감지 않고.

▶ 申은 원숭이 - 비가 없으나 과일을 잘 먹는다.

▶ 酉는 닭 - 신은 적으나 음난하여 절개가 없다.

▶ 戌은 개 - 위가 없으나 억센 것을 잘 먹고 잘 짖는다.

▶ 亥는 돼지 - 키는 작은데 미련하고 욕심이 많다.

＊ 편재 편관을 형.충.극. 하는 사주는 승려.신부.목사. 팔자도 길하다.

＊ 여자 사주는 관성과 식상을 형.충.극.하게 되면 독수공방할 팔자다.

＊ 비견이 삼합이나 육합이 되면 타인과 원만하게 화합을 하게되나 운에서 형. 충.극.을 하면 형제.자매.친구.동업자.동지. 등과 투쟁과 구설 시비 등이 생긴다.

＊ 비겁이 많은 사주는 공직업이나 기술직이 길하다.

＊ 겁재와 양인이 있고 정관의 제신이 없으면 일생 빈곤한 팔자이다.

＊ 식신이 있는 주에 형.충.파.공망.사.절.목욕.함지 등이 동주하면 불길한 운명이다.

＊ 식신은 여자에게는 자식인데 양은 남아이고 음은 여자이다.

＊ 상관은 매우 재주있고 총명한 신이며 간합이 되면 더 길하다.

＊ 상관이 사주에 두개 이상이면 초자는 이별 사별할 수 있다.

＊ 식신격으로 천간과 지지가 합이 되는 대운에 사망수가 있다.

즉. 辛酉가 식신이면 丙辰운에 사망수.

 * 편재는 형.충.극.공망.을 싫어하며 제물도 산재된다.

 * 양일 사주에 정재 편재가 같이 있으면 편.정.교집이라 하여 불길한 운명이나 음일 사주의 편.정.교집은 무해하다.

 * 정재나 편재가 약할 때는 필히 식상이 있어야 한다. 만약 없다면 고재(孤財)라 하여 흉한 명이다.

 * 살지(殺地)란 상하좌우에서 비겁이 직접재물을 극하기 때문이다.

 * 재다 신약사주는 필히 여자와 재물로서 남에게 원망을 받고 일평생 풍파가 잘 날이 없다.

 * 신왕사주에 재.관.이 없고 비겁이 많으면 상처하고, 신약 사주에 재.관이 왕성하면서 비겁이 없으면 처는 도망간다.

 * 신왕 사주에 정재도 왕하면 은행이나 금전 대부업도 길하다.

 * 월지의 편관 칠살을 진 편관이라 하고 타주의 편관을 가 편관이라 한다. 편관은 주에 따라 작용력이 좀 다르다.

 * 편관 칠살은 언제나 흉신인 것은 사실이지만 간합이나 지합이 되면 살의 작용력이 약해진다.

 * 칠살은 형.충.겁살.등이 동주하면 흉악의 팔자이고 칠살이 왕한데 칠살주에 묘가 되고 또 대운에서 묘가 오면 사망한다.

 * 편관은 자녀의 신인데 형.충.극.공망.이 되면 자녀가 없거나 있어도 연이 박하나 편관이 합이 되면 길운으로 본다.

 * 편관이 사주 내에 없고 식상이 3개 정도 있는데 편관운

이 오면 재산 손재 관청 구설이 생긴다.

 * 정관은 간합 육합이 되면 빈명(賓命)의 신이다.

 * 관살혼잡하고 제거되는 육신이 없으면서 형.충.양인.겁재. 등이 있는데 대운 세운에서 형.충.양인.겁재.를 만나면 사망할 수 있다.

 * 여자 사주에 정관도 많고 간합도 많으면 승려나 여첩이나 창기가 될 수 있다.

 * 신약사주에 관살이 많이 있고 인성이 없으면 단명하거나 사업도 실패 수있다.

 * 적은 물은 많은 불을 끌수 없으므로 불에 물이 타서 멸망하는 자연의 원리라 하겠다.

 * 甲己는 土 합이다. 甲일주가 년.월.시.간에 己土가 있으며 二己土가 되므로 쟁합이 되어 1남 2녀가 되고 여자 기일주가 년.월.시에 甲이 있으면 1여 2남이 되므로 흉한 명이 된다.

 * 재가 많은 사주는 비겁이 약이요.

 * 관살이 많은 사주는 인수나 식상이 약이요.

 * 인성이 많은 사주는 재성이 약이요.

 * 비겁이 많은 사주는 관살이 약이요.

 * 식상이 많은 사주는 인성이 약이 된다.

 * 사주에 병이 없으면 평상한 사주요 병도 있고 약도 있으면 대귀할 팔자요. 병은 있고 약이 없으면 사망한다.

 * 정관은 형.충.파.해.공망.이 되거나 다른 오행과 합은 꺼리나 일주와 합하는 것은 무해하다.

* 정관은 인수가 많으면 기운이 누출되므로 좋지않고 사.절.에 해당하면 파격의 명이다.

* 역마와 양인이 같은 주에 있으면 객사한다.

* 사주에 양인이 중첩되고 기신이면 도검(刀劒)에 사망한다.

* 사주에 편관 칠살이 태왕한데 식상이 없으면 횡사한다.

* 도화.목욕.칠살.양인.등이 함께 모이면 색정이나 여난으로 인해 비명횡사(非命橫死)하기 쉽다.

* 괴강이 많거나 형.충.이 많거나 하면 와석종명(臥席終命)하기 어렵다.

* 관살과 인수가 천간에 있거나 관살과 재성이 지장간에 있으면 관운이 따른다.

* 일주가 왕한 사주에 약한 관살을 재성이 생조하면 재자약살이라 하여 관운이 매우 좋은 명이다.

* 신왕 사주에 관.인.상생을 이루면 관운이 매우 좋아 높은 벼슬 길에 오른다.

* 여자 사주에 2합.3합이 많으면 조혼(早婚)하는 운명이나 이혼하기도 쉬운 명이라 할 수 있다.

* 이혼의 시기는 3합을 이룬 지지가 형.충.파.을 당하는 대운 세운에 많이 하게 된다.

* 여자 사주는 정관성에 천월덕이나 장생을 만나면 어진 남편이나 학식있는 남편을 만난다.

* 여자 사주에 木이 많으면 용모(容貌)가 아름답고 亥水가 많으면 자색이 아름답다.

* 일주 왕성한 사주에 관성이 미약하고 재성이 없으면 음천하다.

* 여자 사주의 대부분이 관살로 되었던지 식상으로 되었던지 수기(水氣)가 태왕 하던지 일지에 도화가 있던지 간합 육합 삼합 등이 많고 중화되지 못하고 혼탁하면 전형적인 화류계 팔자이다.

* 여자 사주에 관성이나 재성이 있으면 제일 좋으나 관성이 많으면 영화가 없고 재성이 많으면 오히려 빈천하다.

* 여자 사주가 신왕한데 다시 신왕운을 만나면 이 운에 생리사별하고 관살이 혼잡되고 삼합 육합 등이 많으면 창기나 비복이나 아니면 승려나 종교적인 생활도 적합하다.

* 겁살 양인 도화 고신 과숙 등을 오살이라 하는데 이것이 기신이 되어 용신을 극하면 아주 불리한 운명이라 본다.

* 사주에 비겁이 많더라도 재성은 깊이 암장(辰戌丑未)되어 있으면 처궁은 무난하다.

* 겁재는 강하고 고집이 있으나 사주 내에 편관이나 정관이 있으면 중화된 팔자로 볼 수 있다.

* 겁재가 많은 사주는 특별하게 형제간에 재산으로 다투는 것이 특징이다.

* 일주가 陽 사주일 때 편관이 많으면 단명하고.

* 일주가 陰 사주일 때 정관이 많으면 단명한 명이다.

* 편관을 칠살이라 하는데 7가지의 액운을 말한다.

신액(身厄). 부모액(父母厄). 부부액(夫婦厄). 자녀액(子女厄). 형액(刑厄). 사업재운액(事業財運厄). 형제. 자매. 근친액

(兄弟姉妹近親厄).까지 피해를 준다고 한다.

* 여자 사주에 상관이 일지에 있고 상관을 생해주는 비겁이 많으면 결혼 후 이별수 있다.

* 사주 전체가 상관이면 무자식이다.

* 상관은 사주가 강하면 길하고 약하면 흉한 명이다.

* 편관은 칠살이라 하여 흉한 신이나 간합이 되던지 지지 삼합이 되던지 식상으로 극하던지 인성으로 설기시키면 길명이 된다.

* 정관은 순한 신이므로 극보다는 인성으로 설기하는 것이 좋다.

* 편관이 왕하고 일간이 약한 사주는 12운성에 묘(墓)가 될 때 사망하던지 불연이면 식구가 준다.

* 일지가 편관이면 총명하고 예민하나 성격은 급한 면이 있다.

* 일주나 시주에 편관이 있으면 무조건 일찍 고향을 떠나 타향에서는 자수성가(自首成家) 한다.

* 사주내에 편관.정관이 많은데 충.파.가 없으면 자녀가 많다.

* 편관이 많아도 인수가 있어 관인 상생이 되면 좋은 명이다.

* 신약 사주에 편관이 지지에 나란히 있으면서 대운 세운에서 편관운이 오면 사망한다.

* 월주지가 정관이고 재나 인성이 있는데 대운 세운에서 월지 정관을 형.충.하면 직장이나 변동이 생기거나 하는데

합이되면 길명이고. 사주 내에 일지 정관과 타지가 합이 되어 있는 사주는 년운지와 沖이 되어도 무방하다.

* 정관이 있는 곳에 공망이면 평생직업을 이것저것을 하면서 풍파도 많고 생계도 어렵다.

* 상관은 정관을 보면 재물을 생하지 않고 벼슬 직업을 없애는 흉살로 변한다.

* 종격은 고집 투성으로 가난한 자는 한없이 가난하고 부자는 한없는 부자의 명이다.

* 하늘은 굳세고 강하고 땅은 유순하고 조화롭고 천둥 번개는 만물을 진동시켜 변하게 만들고 바람은 겸손하게 어디든 스며들며 연못은 물을 가두어 기쁨이 넘친다.

* 水는 닥치는데로 덮어버리니 험난하고.

* 火는 아름답게 타오를 때 만물이 조화를 이루게 되고.

* 土는 멈추어 자리를 지키니 포근하고 믿음직하다.

* 편재월에 태어난 사주의 사람은 희사(喜捨) 보시(布施)를 잘하고 친절하고 활동적이다.

* 편재가 용신인데 관성도 있다면 부귀를 누릴 명이다.

* 부(富)는 재성에 있고 귀(貴)는 관성에 있다.

* 정재월에 태어난 사람은 성실하고 검소하며 봉사 정신이 강한 반면 인색한 면도 있다.

* 정재가 길신으로 작용하면 처덕이 대단하다.

* 시상 편재는 특별한 횡재수가 있다. 형.충.극.이 없고 식신 생하면 더욱 길명이 된다.

* 월주의 편관은 형제가 고독하고. 일주의 편관은 본인이

고독하다.

* 사주에 삼형살이 있거나 수옥살이 있거나 辰.戌.巳.亥. 일생이 辰.戌.巳.亥.을 보면 형사법 계통에 종사 하면 좋은 명이다.

* 사주에 3亥나 3巳가 있으면 쌍둥이을 낳을수 있다.

* 여자 사주에 관살혼잡(官殺混雜).부성입묘(夫星入墓).식상태왕(食傷太旺).일주 태왕(日柱太旺).화개(華蓋-辰戌丑未).가 많이 있는 것을 제일 꺼리는데 특히 부성입묘을 제일 꺼린다.

* 戊己일생과 壬癸일생의 출생자는 종재격인 경우 큰부자가 된다.

* 사주 지지에 辰戌巳亥가 모두 있으면 형무소 행차가 빈번하다.

* 종격 사주는 오행의 왕쇠을 따지지 않고 무조건 길격 사주로 본다.

* 여자 사주는 거관유살(去官留殺). 거살유관(去殺留官). 합살유관(合殺留官). 합관유살(合官留殺).이 되면 길격의 명이다.

* 또 재자약살격(財滋弱殺格)을 놓은 여자 사주는 시집가면 남편이 날로 발달하여 집안이 번창한다.

* 재자약살격은 사주가 신왕하여 살로 용하려는데 식상의 강약의 유무와 관계없이 미약한 칠살을 재성으로 생조하는 것을 말한다.

* 여자 사주에 일주가 태왕하거나 식상이 태왕하거나 관

살이 많으면 팔자가 쎈걸로 본다.

  * 여자 사주에 식상이 태왕하고 관살이 없으면 좋은 명이라 하는데 운에서 관성을 만나면 남편에게 불리한 일이 생긴다.

  * 여자 사주에 식상이 태왕하면 임신 중 빈번히 유산이 되고 심하면 난산 사망까지 할 수 있다.

  * 여자는 관성이 합을 이루면 남성이 많아 화류계 창녀가 될 수 있다.

  * 여자 사주에 관살이 하나도 없으면 남자를 싫어하여 시집갈 마음이 없고 있더라도 심히 미약하면 욕구를 채우지 못한다.

  * 여자는 관살이 많고 식상이 미약할시 화류계나 다름 없고 비겁이 많으면 이별하거나 남편이 바람둥이다.

  * 乙巳. 辛巳. 癸巳. 丁亥. 己亥. 일생은 정부(情夫)을 두기 쉽다.

  * 壬子. 壬申. 癸酉. 癸亥. 辛亥. 일생은 성욕이 강하다.

  * 종살격은 남편한테 순종한 편이다.

  * 壬戌. 癸丑. 일생은 남편을 깔보는 경향이 있다.

  * 여자 신약사주에 재가 많고 칠살이 있으면 남자에게 돈 벌어 바치고 배신 당한다.

  * 관살과 식상이 모두 형.충.파.극이 되면 남편과 자식을 두고 바람나서 집나간다.

  * 진.술.축.미.가 모두 있으면 팔자가 세어서 해로하기 힘들고.

* 자.오.묘.유.가 모두 있으면 음란하여 바람기가 많고.

* 인.신.사.해.가 모두 있으면 풍상이 많다.

* 일간이 일지을 극하면 남편을 누르고 산다.

* 사주에 재가 태왕 하면 시어머니의 시집살이를 한다.

* 여자는 종격은 좋지 않다. 물론 귀격을 이루어 일신은 출세 할지 몰라도 가정 남편 자식 운이 불길하다.

* 일주가 태강한 여자는 명성있는 사람이나 장군 경찰 법관등 살생권을 가진 남편이면 부귀를 누리나 평범한 사람과 결혼하면 이혼하거나 홀로 살거나 호주 노릇을 해야 한다.

* 丁丙일생이 사주에 丑이 있고 재로 용하면 금융업으로 성공한다.

* 여자 사주 일지에 식상이 관성과 합이 되거나 관성이 식상과 합이 되면 혼전(婚前)에 자식을 두기 쉽고 연애 결혼하기 쉽고 합이 많거나 일지에 편재가 있어도 연애 결혼하기 쉽다.

* 일지에 육합이나 삼합이 되어 있는데 합이 변한 오행에 따라 직업으로 보면 된다.

* 식상 재성 과성이 비슷 할때는 재로서 용하는 게 보통이다.

* 사생구전격(四生具全格)은 寅申巳亥가 구비된 사주로 길격과 귀격에 속한다.

* 사고구전격(四庫具全格)은 辰戌丑未가 다 있어야 하는데 남자는 구오지존(九五之尊)이라 하여 귀격으로 승상에 오르는데 여자는 팔자가 세어서 남편과 생사별하기 쉽고

음천한 면도 있다.

* 사패구전격(四敗具全格)은 子午卯酉가 다 있고 남녀를 막론하고 패가망신한다. 도화 함지 목욕살이라 주색 음란 수치를 모른다.

* 오행구전격(五行具全格)은 오행이 다 갖추어져 있으면 대개 길한 사주로 본다.

* 초년 대운이 나쁜데도 부모의 덕이 있으면 어릴 때 반드시 잔병으로 고생하거나 학업이나 공부가 뒤떨어지고 중단할 수 있다.

* 남자 사주에 비겁이 많으면 직장은 경쟁자가 많고 특히 사업은 재운이 없고 의처증이 있고 처녀 장가가면 이혼수 있고 버릇이 없어 안하무인(眼下無人)이고 남녀 결혼운이 늦으며 심하면 상처하기 쉽다.

* 여자 사주에 비겁이 많으면 고독하고 첩으로 시집가기 쉽고 남편은 바람기가 있고 독신자가 많으며 부망할 수 있다.

* 여자는 식상이 많거나 태왕함을 제일 꺼린다.

* 재성은 합재국(合財局)이 제일 좋다.

* 천간의 재는 외부내빈(外富內貧)이고 지지의 재는 외빈내부(外貧內富)으로 본다.

* 천간의 재는 반드시 지지에 근해야 부명이다.

* 재성과 인성이 왕하고 관살이 없으면 고부간 싸움이 빈번하다.

* 재성은 식상이 없으면 돈은 있으나 가끔 바닥이 날 때

가 있다.

* 여자는 재성이 많으면 두 시어머니를 섬기거나 시집살이가 심하다.

* 년주나 월주에 인수가 있으면 부자집 자손은 아니라도 좋은 가문의 자손이고 조상의 독특한 전통을 이어 받았다고 본다.

* 사주에 식상이 태왕하면 관살은 없는 게 낫다.

* 양일간의 사주는 종의부종세(從義不從勢)라 의리에는 따라도 세력에는 복종하지 않으며.

* 음일간의 사주는 종세부의종(從勢不義從)이라 세력에는 굴복해도 정의나 의리에는 따르지 않는다.

* 사주의 천간은 양에 속하여 난조(暖燥)하고 지지는 음에 속하여 냉습(冷濕)한데 속한다.

* 유병이유약(有病而有藥)이면 귀한사주요. 유병이무약(有病而無藥)이면 흉한명으로 본다.

* 사주에 식상과 관살이 모두 혼잡되어 있으며 성이 다른 자녀를 두고 亥나 巳가 셋이 있으면 쌍생아을 낳을 수 있다.

* 일.시가 寅申충 이나 卯酉충 하면 자식 두기 어렵다.

* 비겁으로 신왕한 가운데 재관이 없고 식상만 있으면 큰 부자가 된다.

* 재성이 천간에 투출되어 있으면 길신태로(吉神太露)에 해당하여 비겁에 탈재(奪財)되어 나쁘나 합재국(合財局)은 비겁이 있더라도 관살에 억제되어 무방하다.

* 사주가 신왕하고 편재가 월간에 투출하여 월지에 근하

면 투기사업으로 큰 재물을 얻는다.

* 신왕하여 재성이 용신이 되는 사주에 재가 많아도 모두 타오행과 합을 이루어 타오행으로 변해 버리면 빈자의 팔자다.

즉 丙火가 재성일 경우 辛金이 있어 丙辛水로 된 경우를 말함.

* 재성이 공망을 만나면 재복이 없고 형충파을 만나면 벌어도 재물이 모여지지 않는다.

* 사주의 干支가 모두 干은 干 支는 支 끼리 형충 상극 관계를 이루어도 빈천한 명이다.

* 干支의 상극에서 干이 支를 극하는 것은 차라리 좋으나 支가 干을 하면 하극상이라 대흉할 수 있다.

* 年과 月이 상충되고 日과 時가 상충되면 일생동안 풍파 잘날이 없고 년.월.일. 시.에 子.午.卯.酉.충이 되고 도화살에 해당하면 패가망신할 수 있다.

* 도화살과 겁살이 동주하면 바람피우느라 재산을 다 없앤다.

* **외교관 및 외국서의 관직 생활자.**
  ▸ 귀격 사주에 해당하고 역마가 있어야 한다.
  ▸ 역마가 관성에 해당하고 역마와 관성이 육합된 사주이고.
  ▸ 역마가 관성을 생하거나 윤하격(潤下格)인 사주이고.
  ▸ 길격에 해당하고 인신사해가 구비된 사주는 외교가

로 적합함.

* 역술인 점복자(무당.박수).

- ▶ 일주 태강에 관살이 없거나 심히 미약한 사주.
- ▶ 갑술일주에 亥월이나 亥시인 사주.
- ▶ 진술축미 중 세 글자가 있는 사주.
- ▶ 사주에 형살이 있고 귀격을 못 이룬 사주.
- ▶ 인수가 많아 일주가 태왕한 사주.
- ▶ 병자일생이 일주 태약한 사주.
- ▶ 사주의 구성이 안좋으면서 월지나 시지에 공망이 있
  는 사주.
- ▶ 사주에 귀문살 오귀살 원진살있는 사주와 화계가 공
  망인 사주는 다 신명줄이 있어 종교적인 생활을 하
  면 좋은 명이다.
- ▶ 기일생은 대승도가 많이 있으며 불심도 돈독한 명이
  있다.

* 종강(從强) 종아(從兒) 종재(從財) 종살(從殺) 종화(從化) 등의 종격이 진종이면 성격도 원만하고 장수한다.

* 생지(生地)나 고지(庫地)나 패지(敗地)가 충을 만나면 좋지 못하는 명이나 길신이 합이 되었을 때 충을 만나면 좋은 명이다.

* 辰戌巳亥가 모두 있으면 형무소 행차가 빈번하다.

* 시지가 酉시라면 무자인 사주가 많다.

* 사주에 병이 있을 때는 용신을 생조하는 운보다는 병을

제거하는 약운에 훨씬 더 발복한다.

* 여자 사주가 金水로만 되면 너무 냉습해서 자식두기 어렵고 木火로만 되면 너무 난조해서 자식두기가 어렵다.

* 사주 가운데 재고(財庫)가 왕하면 큰 부자가 된다.

* 신강 사주에 재성이 용신이나 희신이 된 사주도 부자의 명이다.

* 인수 비겁 식상 재성이 모두있고 관살이 없으면 부자의 명이다. 모든 기가 재성에 모이기 때문이다. 그러나 인수 비겁 식상 재성 관성이 모두 있으면 오행이 다 갖추어져 있어 부귀를 겸전한 팔자이다.

* 신왕사주에 재성이 투출하여 장생궁에 해당하면 일생 재물이 풍족하다.

* 신왕하고 재성이 용신이 된 사주에 재성이 타육신과 합을 이루어 다른 육신으로 변하면 빈궁한 명이다.

* 비겁이 역마에 해당하면 한곳에 오래 살지 못하고 자주 이사하게 된다.

* 신약 사주에 관살이 왕할 때 인수운을 만나면 살인상생(殺印相生)을 이루어 귀인의 도움으로 전화위복(轉禍爲復)이된다. 다만 재관운을 만나면 질병(疾病) 손재(損財) 관재 구설(官災口舌) 등이 따른다.

* 탐재괴인(貪財壞印)운에는 재물이나 여자를 탐하다가 망신당하고 관직자는 뇌물먹고 파면 당하고 사업가는 투기 모험하다 망하고 여자에 빠져 재산을 날리고 나이 많은 이는 사망하고 또는 모친상을 당할 수 있다.

* 군비쟁재(群比爭財)가 된 사주는 오직 관살운이 좋고 재성이나 비겁운이 오면 투쟁 송사 파산 구설 살상 등이 액운이 온다.

 * 비겁이 많아도 재가 하나도 없으면 군비쟁재가 아니다. 그러나 재운이 오면 군비쟁재가 되어 재앙이 따른다. 관살과 식상운은 무난하다.

 * 사주가운데 가장 왕한 육신을 형충극하면 큰 재앙이 따른다.

 * 태세(太歲)가 일지을 형충파하면 일신상 변동으로 이사 사업장 근무처가 변동이 생긴다.

 * 태세의 간지가 일간의 인수에 해당하면 그 해에 집을 사거나 집을 짓거나 사업을 시작하거나 소식을 듣거나 문서를 받게 된다.

 * 일지을 형충하는 운과 상관운에는 몸을 다치거나 수술을 하게 된다.

 * 재부(財富) 사주는 간에 있는 재성이 지에 근하였는가를 보고 월간의 정재가 월지에 근하였다면 상속도 받고 사업도 잘되고 고정수입도 보장되고 또 지지에 재고가 있으면 돈이 떨어지지 않는다.

 * 사주에 편재가 많으면 여러번 장가가거나 양자로 들어가거나 의붓아비를 섬길 수도 있다.

 * 편재나 정재가 비겁과 간합 암합을 이루면 아내가 바람을 피운다.

 * 여자는 재가 많으면 두 시어머니를 섬기거나 시집살이

가 심하고 아니면 두 아버지를 섬길 수가 있다.

* 여자 사주에 재도 많고 인수도 많으면 음천(淫賤)한 상이라 창녀 화류계 식모 등의 신세이나 관성이 왕하면 통관되어 그렇지않다.

* 재성이 공망 되거나 형충파 되면 재물을 많이 탕진하고 특히 공망재는 재복이 없다.

* 남자는 정재가 도화성(桃花星)이면 아내가 바람피우고 편재가 도화성이면 여자를 사귀면 돈이 생긴다.

* 사주에 관살혼잡이 되면 직업이 없거나 미천하고 자주 변동이 생기며 남자는 친자와 서자가 있을 수 있고 여자는 두 남자와 인연이 있고 일부종사하기 힘들며 혹은 재취로 시집갈 수 있다.

* 사주에 관살이 많거나 태왕하거나 혼잡되어 있으면 평생 질병 부상 관재 가족불행 재앙이 있고 기를 펴지 못한다.

* 여자 사주에 관성이 하나도 없으면 남자을 싫어해서 독신녀가 되거나 시집가기가 어렵고 시집을 가더라도 성을 몰라 남자를 원하지 않는다.

* 여자는 정관이 목욕과 같이 있으면 남편이 바람기가 있고 사절 묘가 있으면 남편이 있으나 마나한 존재이고 불연이면 이별수가 있다.

* 여자는 관성이 미약한데 재가 없으면 성적불만이 있고 혹 다른 남성을 사귀어도 그런 남자를 만난다.

* 종아격은 부귀를 누린다.

* 사주에 편인격이나 편인이 강하면 의사 약사 한의사 예술가 세무사 계리사 변호사 발명가 등에 종사하면 좋은 명이다.

* 월간지에 인수를 놓으면 사업가보다. 종교 학문 교육 연구가로 진출하면 명성을 얻을 수 있다.

* 비겁이 많은 사주에 재성이 천간에 투출 되었거나 지지에 있는 재가 천간 비겁과 암합이 되면 정조를 잃은 여성과 결혼하거나 아니면 결혼 후에 아내가 부정할 수 있다.

* 여자는 상관이 월지에 있음을 꺼리나 인수가 월간이나 년일지에 있으면 무해 하다.

* 여자는 식상이 미약하고 인수가 태왕하면 자식두기 힘들고 식상이 태왕해도 사주에 관성이 없으면 남편은 해를 받지 않으므로 과부는 되지 않는다.

* 월간의 정재가 월지에 근하였다면 상속 받은 재산이 많고 일생 사업기반도 튼튼하고 항상 고정수입이 보장된다.

* 지지에 재고가 있으면 수중에 항상 재물이 떨어지지 않는다.

* 년주에 정재 정관 인수가 있고 천을귀인을 만나고 형.충.파.해.가 없으면 조상이 부귀했고 재왕이면 명문가의 자손이고 장생궁이면 영화을 누렸고 편관 편인 겁재 상관이 있거나 사.절.묘.형.충.파.해.공망.이면 한미(寒微)한 집안의 자손이다.

* 년주에 상관이면 조부나 윗조상이 궁핍했으며 식상이 여럿있으면 조모님이 둘 이상일 수 있다.

* 년주나 월주에 용신 희신이 있고 생왕되면 부모덕이 있다.

* 월주에 정재가 있으면 상속 받을 재산이 있으나 비겁이 많거나 형.충.파.해. 공망.이면 유산이 없거나 받더라도 다 없애 버린다.

* 사주에 재보다 인수가 왕하면 부선망이 되고 인수보다 재가 왕하면 모선망이 된다. 또한 대운 세운에서 어느 육신을 생하고 극하느냐에 따라 부선망이냐 모선망이냐를 감정하는 것도 좋다.

* 사주에 비겁이 다있고 인수가 많으면 이복형제가 있을 수 있다.

* 재가 용신이거나 관살이 용신이거나 종재 종살격은 비겁이 병이요 기신(忌神)이므로 형제 덕이 없다.

* 탐재괴인(貪財壞印)은 처 덕이 없다. 아내 때문에 부모에 불효한다.

* 형재덕의 유무는 비겁이 용신이냐 희신이냐 기신이냐 병신이냐로 결정해야 한다.

* 재자약살격(財滋弱殺格)을 이룬 사주는 아내를 얻으면 발복되고 대운이 길하면 아내덕으로 출세한다. 처궁이 가장 좋은 사주라 아내의 내조로 인해 크게 부귀한다.

* 재가 태왕 하거나 종재를 못할 경우 아내는 성질이 고약하고 억세어서 남편은 공처가가 된다.

* 재와 비겁이 비슷한데 식상이 없으면 부부간 불화하고 가정이 시끄러운데 식상이 있으면 화목하게 된다.

* 관살이 태왕하고 재가 약한데 식상이 없으면 아내가 병약하다.

* 신약에 재와 관살이 같이 왕하면 아내때문에 고생한다.

* 壬子.丙午.戊午. 일생은 편인이 왕하면 아내가 산액이 있다.

* 정재가 천간에 있고 겁재가 왕하면 상처할 수 있고 아내에게 애인이 생긴다.

* 비겁이 많으면 과거를 가진 여성을 아내로 삼을 수 있다.

* 시지가 공망이고 양인이 거듭되면 홀아비 신세이다.

* 사주에 간합 지합이 많으면 바람둥이요 수기가 많으면 음란하여 성을 밝힌다.

* 壬癸일생이 亥.子.丑. 월이면 여난(女難)을 당하기 쉽다.

* 종재격이나 재다신약 사주는 아내 말을 잘 듣는다.

* 일지나 월지가 재성이고 도화이면 바람둥이고 형.충이 되면 성병 걸리기 쉽고 오래 사귀지 못한다.

* 정관이 도화에 해당하면 아내나 여자의 도움으로 관직을 얻으나 칠살에 해당하면 다른여자와 간음(姦淫)하다 봉변을 당한다.

* 미약한 재성이 시지에 있으면 부부싸움에 아내가 자살소동을 벌인다.

* 여자는 관성이 하나 있어 약하지 않고 천을귀인에 임하면 훌륭한 남편을 얻는다.

* 여자 사주에 관성이 비겁과 간합을 이루면 남편이 다른여자를 사귀느라 자기를 돌보지않으나 관성이 일주와 간합

이 되면 남편의 사랑이 극진하다.

  * 관성이 많아 일주와 합을 이루면 여러남자와 사귀는 명이다.

  * 壬戌.癸丑. 일생이 타주에 백호살이 있으면 남편이 횡사 객사 하던지 교통사고을 당할 수 있다.

  * 여자는 식상이 혼잡되어 있으면 살다가 이혼하거나 생사별하기 쉽다.

  * 여자는 일지에 재성을 놓고 식상이 있으면 남편을 누르고 산다.

  * 여자는 연월일시에 辰戌丑未가 다 있으면 부부해로하기 힘들다.

  * 여자 사주가 태강하거나 종강을 이루면 부부해로하기 힘드나 독신으로 살면 자신은 부귀할 수 있고 나이 많은 재벌이나 고관의 첩으로 살던지 외국에서 살면 좋은 명이라 하겠다.

  * 時干이 日干을 생하면 효도하는 자녀를 둔다.

  * 時支가 日支와 생합하면 자식 복이 많다.

  * 日干에서 時支에 건록을 놓으면 자식 도움이 많다.

  * 時干과 日干이 간합해서 길신으로 변하면 부자의 정이 극진하고 서로 덕을 준다.

  * 己未일생이 時에 丑戌이 있으면 자살 소동을 벌이는 자식두기 쉽다.

  * 여자 사주에 식상이 미약하고 인수가 태왕하면 자식궁이 나빠서 임신 불가 낙태 등이 있다.

* 여자는 식신 상관이 혼잡되어 있으면 남의 자식 기르기 쉽다.

* 인수가 식상을 형충한 여자는 친정에서 해산해선 안된다.

* 日과 時가 寅申충하거나 卯酉충하면 자식두기 힘들다.

* 식상이 공망 되거나 형충을 만난가운데 급각살에 해당하면 자녀가 소아마비가 될 수 있다.

* 乙.丙.丁. 삼기가 있고 격이 진이면 재상(宰相)에 오를 수 있다.

* 신왕재왕. 식상생재. 종아. 종재격.은 부자에 속한다.

* 오행이 다 갖추어져 있어도 부자 사주이다 막힌 데가 없기 때문이다.

* 비겁이 공망이면 이사 자주하고 관살이 공망이면 직업 변동이 심하고 천한 직업을 갖는다.

* 사주에 양인이 태왕하고 칠살이 없으면 살상죄(殺傷罪)을 지을 수 있다.

* 종재에 관성이 있으면 재무 세무 금융이나 사업가로 성공한다.

* 丙.丁.일주가 왕하고 재성도 왕하면 금융계나 세무직으로 출세하고 丑이 있으면서 巳나 酉을 만나면 금융계통으로 성공하고 격이 탁해도 사채놀이도 적합하다.

* 丁巳 일생이 축월이면 금융계에 진출하는데 대운이 좋으면 지점장이나 부장 이상의 직책에 오른다.

* 甲乙.丙丁.일생이 丑을 만나도 금융직 재무직 세무직이 좋으며 사채놀이도 성공한다.

* 壬癸 일생이 신왕에 丑월이고 丑이 형.충.공망.되지 않으면 재정 금융업이 좋으며 귀격이면 장관급에 오른다.

* 시상편관격(時上偏官格)은 군인이나 법관으로 출세한다.

* 丙.庚. 일생이고 신왕 관왕이면 경찰직으로 출세한다.

* 丁.己. 일생이 신왕에 재관도 왕하면 법관으로 출세한다.

* 인수가 셋이고 사주가 순수하면 교수직도 좋다.

* 신왕 사주에 식상이 잘 설기 식히면 박사의 명이다.

* 인수격에 인수가 용신이면 문학이나 교직자가 많다.

* 癸丑.癸亥. 일생에 길격을 놓아도 문학으로 성공한다.

* 사주에 오행이 다 구비하고 중화되면 박사의 명이다.

* 甲.乙.丙.丁. 일생의 여자가 식상이 왕하면 가수가 될 팔자이다.

* 곡직격을 놓으면 그림이나 서예서 명성을 얻는다.

* 戊.己. 일생이 火局(인수)을 이루면 서예나 화가로 명성이 있다.

* 인수가 간합 육합 하여 재성으로 변한 사주는 출판 서적 저술가로서 적합하다.

* 사주에 辰.戌.丑.未.가 많아도 연예인이 될 수 있다.

* 역마나 지살이 재성에 해당하고 재가 용신일 경우 길격에 해당하면 운수업에 종사하면 좋으나 사주가 혼탁하면 택시나 운전기사의 명이다.

* 壬.癸. 일생이 巳火에 재가 있어 巳가 역마에 해당하고 재 왕이면 무역업으로 성공하나 미약하면 운전기사의 명이다.

* 신약에 역마 지살이 많아도 운전기사의 명이다.

* 寅.申.巳.亥.가 많은 사주에 귀격을 못 이루면 운전기사이고 신왕 재왕이면 무역업에 종사하면 좋다.

* 戊.己.일생에 亥가 있고 역마에 해당하면 해상 선박업이 좋다.

* 壬申.壬子.壬辰.일에 신왕 재왕이면 무역업에 종사하고 재다 신약이라도 대운이 좋으면 숙박업(여관.호텔)으로 돈을 번다.

* 丙.丁.일생은 酉가 도화이면 유흥업 주류 판매업에 종사 한다.

* 여자는 壬申.壬子.壬辰.일생은 음식업을 하면 돈을 번다.

* 庚申.庚子.庚辰.辛亥.己亥.일생은 음식과 술을 같이 판매하면 성공한다.

* 식신 생재격도 식당 하면 돈을 번다.

* 사주에 진.술.축.미. 가운데 두 글자가 있고 재성이 도화에 해당하면 유흥.음식. 요정.으로 돈을 번다.

* 신왕 재왕에 재가 도화에 해당하면 유흥업으로 성공한다.

* 용신이 편인 상관 양인이면 의사 한의사 약사 간호사 등이 길하다.

* 사주에 재관이 없거나 심히 미약 하거나 공망이 되면 중이나 무속인이나 타 종교인의 팔자다.

* 己.일생은 대개 승도가 많은데 길격이면 대승으로 명성을 얻는다.

* 丙辰.일생이 신왕에 관살이 없거나 미약하면 역술이나 점복자이다.

* 戊申.戊子.일생이 金水가 많은 것도 역술이나 점복자이다.

* 壬.癸.일주가 태왕 하고 재관이 미약한 것도 역술이나 점복자이다.

* 여자 壬辰.일생이 巳.午.未.월생자는 역술인 점복자이다.

* 일주 태왕하고 관살이 미약하고 공망이면 직업 없는 건달이다.

* 관살이 망신살이거나 겁살에 해당하고 길격을 못이루면 도적질 사기꾼이 되기 쉽다.

* 용신이 강하면 개인 사업이 좋으나 용신이 약하거나 운의 흐름이 나쁘면 타인에 고용되는 것이 좋다.

* 결혼운이 나쁜 일주는 乙巳.辛亥.戊申.甲寅.庚申.丁巳.일주이다.

* 여자는 재.관 대운에 이혼하면 위자료를 더 받을 수 있다.

* 사망의 시기는 년운이 지지를 형충하는 운이나 합하는 운에도 사망하는 수가 있다.

* 어떤 사주라도 년과월을 중하게 보지만 일과시의 형충살은 더 확실하다.

* 나의 사주가 흉하다면 남녀 공이 배우자를 탓하지 말라 이는 자기 운명에 정해진 배필을 만나고 동일한 운명끼리 만나기 때문이다. 고로 자신이 빨리 죽던지 타향이나

외국으로 멀리 떠나서 살면 면하리라 반드시 흉명해야 할 운이 길한 운명이라면 생명에 위험이 있을 수 있다고 보아야 한다.

 * 조후로 보아야 하는 계절은 여름엔4.5월과 겨울엔 11.12.1.월이라도 월지를 형충하였다면 조후로 보지 아니하고 신약이나 신왕이나 종격으로 보아야 하는 운명이고 어떤 사주라도 월령이 무기력하면 일생을 통하여 어려움이 많다고 본다.

 * 어느 사주던지 3월 진토에 출생하면 장남 장녀가 되고 아니면 장남 장녀 행세을 하던지 아니면 장남 장녀와 결혼할 명이다.

 * 일지을 형충하는 여자 사주는 자기 자신을 운명상으로 주재 판단을 할줄 모른다.

 * 일지와 시지의 형충은 본명이 죽기전에는 이 흉명을 면하기 어렵다.

 * 습은 자신의 언행에서 동(動)하고 충은 남의 뜻에서 동하고 형은 자연에서 동한다.

 * 사주와 대운과 년운이 삼자가 삼합이 되거나 삼형살을 만나거나 형충을 만나면 대흉하다.

 * 생월과 일지가 형충한 사주라면 빠르면 45.50세가 지나야 흉운이 사라진다.

 * 戊土는 생금하지 못하고 말성만 피울 수 있다.

 * 대운이나 년운에서 양인살을 만나면 정을 통하다가 형벌이나 구설수 등 흉운이 따른다.

* 여자 사주에 식상이 있어 형충 하는 운에는 임신 중 유산 하게 된다.

식상은 자식이라 아랫배에 해당 형충하기 때문이다.

* 여자 사주에 대운에서 식상운이 올 때 남편이 외도가 심하던지 나를 만족시키지 못하던지 제구실을 못하던지 남녀 다른 애인이 생기게 된다고 본다. 성적 불만도 운명이 크게 좌우하게 된다.

* 여자 사주에 재성이 없고 식상만 있다면 남편과 생사별 하기 쉽고 년운 대 운에서 식상운을 만나면 반드시 부부해로하기 힘들다.

* 사고가 발생한 시기는 사주가 편고하고 태약한 운명이고 용신을 찾을 수 없 어 알송달송하고 행운이 나쁜 운일 때와 행운에서 일지와 관성이 형충할 때에 사고가 자주 발생한다.

* 용신이 많으면 변덕스럽고 관성이 많으면 갈등이 심하다.

* 무관사주(無官四柱)는 무재사주(無財四柱)와 무재사주는 무관사주와 결혼해 살면 이별 등 흉운을 면할 수 있다.

* 본인 사주에 일지에 형충이 있고 망신살이 있고 己亥. 己巳. 일주거나 시주에 양인살이 동주하거나 태약이나 태왕 사주가 흉하다고 알고 있으면 나이 많은 배우자나 재혼자나 나보다 더 불행한자나 외국인이나 외국가서 살면 운명이 좀더 달라진다고 본다.

* 남녀 공히 사주상에 천간합이 있고 지지합도 있을 경우

용신과 격국(用神.格局)

반드시 외정이 있다 고 본다.

 * 출생일지을 형충하거나 관살을 형충한 사주는 애인이 있을시 반드시 배우자에게 발각되어 형벌을 당하게 된다.

 * 사주상 식상이 삼합이 되고 대운 년운에서 삼합이 되거나 형충할 때 이성이 생기는데 인사형은 부당 부정하게 진술충은 파란이 많고 삼합이나 육합 등은 좋은 이성이 생긴다고 본다.

 * 천간의 甲丙庚은 지지의 寅巳申 형살이 되고 乙辛은 지지의 卯酉충으로 보기도 한다.

 * 사주의 간지와 대운의 간지와 년운이 간지가 서로 형충이나 삼합이 되면 대흉하다고 본다.

 * 여자 사주에 관성이 년주에 있으면 4년 년상 월주에 있으면 2년 년상 일지에 있으면 비슷한 나이와 시주에 있으면 2살 연하와 배필의 인연이 있다.

 * 여자 사주에 관성이 태약하고 형충이 있고 일지를 형충하고 망신살이 있고 년월주에 형충 등이 있을시 35세가 지나서 결혼하면 좋은 인연을 만나 행복할 수 있다.

 *** 일주 자체로 관인상생(官印相生)을 이룬 사주.(일진에 해당함).**

▶ 丁亥일생이 - 亥水(戊甲壬)중에 壬水가 丁火에 정관이고 甲木이 인수이다.

▶ 癸巳일생이 - 巳火(戊庚丙)중에 戊土가 癸水에 정관이고 庚金이 인수이다.

▶ 庚午일생이 － 午火(丙己丁)중에 丁火가 庚金에 정관
이고 己土가 인수이다.

▶ 辛巳일생이 － 巳火(戊庚丙)중에 丙火가 辛金에 정관
이고 戊土가 인수이다.

* **일주 자체로 살인상생(殺印相生)을 이룬사주. (일진에
해당함).**

▶ 甲申일생이 － 申金(己戊壬庚) 중에 庚金이 甲木에
칠살이고 壬水가 인성이다.

▶ 庚寅일생이 － 寅木(戊丙甲) 중에 丙火가 庚金에 칠
살이고 戊土가 인성이다.

▶ 戊寅일생이 － 寅木(戊丙甲) 중에 甲木이 戊土에 칠
살이고 丙火가 인성이다.

▶ 癸丑일생이 － 丑土(癸辛己) 중에 己土가 癸水에 칠
살이고 辛金이 인성이다.

▶ 壬戌일생이 － 戌土(辛丁戊) 중에 戊土가 壬水에 칠
살이고 辛金이 인성이다.

이상은 일주 자체의 지장간에 있는 오행의 관성이
관인상생 살인상생을 이룬 사주로서 참고 연구있길
바란다.

* 정관도 많거나 태왕 하면 칠살로 변하여 일주을 극하므
로 해롭다. 여기에는 꼭 인성이 있어 관인 상생을 이루어야
길명이 된다.

211

용신과 격국(用神.格局)

* 사주에 식상이 없고 재성이 태약하게 있다면 부친과 생사별하고 결혼 후에 는 부부갈등이 있고 재산과 재물 돈이 없어 가난하고 상.사업자는 대흉하나 공직자나 기술직이나 직업자는 대길하고 독신으로 살면 부자로 살 수 있다.

  * 편인은 문학 학술 의술 역술을 연구하는 사람은 좋은 명이다.

  * 사주에 관성이 없거나 태약하면 조상의 묘소가 산아래 있는 경우가 많다.

  * 여자는 관살이 없는 사주에 대운에서 관살운이 오면 남편과 생사별하게 되고 관성운이 오지 않으면 길한 운명으로 본다.

  * 여자 사주에 일지을 형충하였다면 그 여자와 살지 않으면 반드시 잘사는 명이라하겠다.

  * 어떤 사고이던 흉하고 길한 사고는 년운에서 가장 많이 발생한다.

  * 사주 전체가 재성과 관성으로만 되었다면 종관살격으로 보고 식상과 재성으로만 되었다면 종재격으로 본다.

  * 재성을 설기하는 관성이 많고 태왕하면 자식 때문에 재산을 모으지 못하고 인성과 비겁이 많다면 부모 형제 때문에 재산을 모으지 못한다.

  * 여자 사주 일지에 양인살이 있으면 처는 남편을 무시하는 경향이 있고 예의도 없어 싸움질을 예사로 한다.

  * 여자 신왕사주는 결혼 후 생사별이 있으나 신약사주는 무난하다.

* 출생 일지에 편관이 있으면 남녀 공히 배우자의 성격이 까다롭고 특히 여자는 과격하고 난폭한 편이며 남편보다 더 강하며 사주가 신약이면 처는 더욱 흉폭하고 신왕사주의 처는 정직하고 정확성은 있으나 성격이 좀 까다로운 편이다.

* 재다 신약사주는 처가 다병하거나 처로 인해 고생을 하거나 처 여자 돈 재물 등으로 사기성이 있어 형벌을 받을 수 있고 고생이 심하고 패가망신할 수 있다. 아무리 좋은 처을 맞이하여도 결혼 후에는 나쁜 사람으로 변하여 주로 생사별하기가 쉽다.

* 여자는 재관이 아름다우면 그 남편이 공직자이거나 식상이 용신이면 상.사업에 종사하여도 무방하다.

* 여자가 남편을 무시하는 사주는 일지가 형충한 사주와 식상이 왕하거나 많은 사주 비겁이 많거나 인성이 많아 관성이 태약한 사주 관성을 형.충하여 미약하고 신왕사주는 더욱 심하지만 신약사주는 두려움 때문에 좀 덜한 편이다.

* 여자 사주에 용신이 미약하면 남편이 미약하고 용신이 형충에 해당하면 정한 남편이 없다고 본다.

* 여자 사주에 일지을 형충하고 한 개뿐인 관성도 형충을 당하고 태약하다 면 독신녀로 애인뿐이고 관성은 있으나 용신이 없다면 남편은 오래가지 못 하고 정부나 애인이 있을 뿐이다.

* 여자 사주에 용신은 있으나 관성이 없다면 남편은 있으나 대운에서 관성이 올때는 반드시 부부 생사별이 있고 사

주에 관성이 태약하게 있다면 반쪽 남편을 가지게 된다.

 * 일지의 양인살은 흉조 험난 고난 등을 표시하는 살로서 본 남편을 재치고 정부를 만나는 살로서 년운 대운에서 또 양인살이 들어오면 중혼살이 되어 형벌 구설 교통사고 수술 등 흉조의 명이 된다.

 * 월지의 육신을 직업으로 보고 형충이 되어 있으면 미천한 직업이다.

 * 사주에 정관이 합이되면 다정하여 남녀 공히 이성을 쉽게 사귈수 있고 특히 양인살과 합이 되면 색정이 지나칠 수 있다.

 * **결혼 후 남편이 폐망 하게 된 명은.**

 ▶ 출생일지를 형 하였다면 남편은 폐인에 불과하다.

 ▶ 출생일지를 충 하였다면 남편은 폐망한 자이다.

 ▶ 출생일지가 기사나 기해일이면서 망신살이 일과 시에 있는 것.

 ▶ 양일간에 양인살과 도화살이 일시지에 있고 용신이 태약하거나 관성이 형충된 사주.

 * 사주상 오행이 서로 상극하거나 형충된 것은 남편을 폐망하게 한다.

 * 여자 사주에 식상이 년운 대운에서 三합이나 반합이 되어 들어올 때와 또 三合을 형충할 때 정부나 애인이 생기며 식상은 남녀 공이 아랫배로 보며 여자는 자궁으로 보기도 한다.

 * 또 刑할때는 부당 부정한 이성 관계가 되고 沖은 파란

만장을 상징하고 合 은 가장 이상적인 인연으로 본다.

  * 사주상에 식상인 卯나 戌이 사주나 대운에서 육합이 되고 다시 卯.戌을 沖하는 丑.辰.酉.자을 만나는 년운에 반드시 이성이 생긴다고 본다. 상당이 매력적인 이성으로 볼 수 있다.

  * 丑.戌.은 복부를 표시함으로 위장 광란 식중독 위암 등이 있을 수 있다.

  * 출생 일간이 癸水인 사주는 반드시 종교을 가져야 대성할 수 있다.

  *** 부부 이별은 일지가 간지동(干支同)으로 이루어 진 것인데.**

    甲乙丙丁戊戊己己庚辛壬癸

    寅 卯 午 巳 辰 戌 丑 未 申 酉 子 亥.는 부부 이별수가 있다.

  *** 일주 가운데 재고(財庫)−창고가 있는 사주.**

    甲乙 일주에는 辰.戌.丑.未.가 다 재고이다.

    丙丁 일주에는 丑(癸辛己) 중 辛金이 재고이다.

    戊己 일주에는 辰(乙癸戊) 중 癸水가 재고이다.

    庚辛 일주에는 未(丁乙己) 중 乙木이 재고이다.

    壬癸 일주에는 戌(辛丁戊) 중 丁火가 재고이다.

  * 이 육신들은 형.충.파.해.공망.이 없으면 부자의 사주이고 또한 재고가 왕성 하면 대 부호가 된다.

  * 여자는 관성이 천간에 투출된 것을 남편으로 보는 게 우선이나 투출된 관성이 없으면 지지의 관성이 남편이다.

지지의 정기에도 없을 경우 재에 암장된 관성을 남편으로 삼아야되나 재성에도 암장되지 않았을 경우 그냥 재성으로 남편을 보면 된다. 재성은 남편을 생조하기 때문이다.

* 관살이 많고 식상이 미약하면 제살부족(制殺不足)이라 화류계나 다름없는 명이다.

* 사주에 식상이 여러게 있으면 조모님이 두분이 있을수 있다. 상관은 친 조모님이고 식신은 친조부님의 전처나 후처에 해당하기 때문이다

* 육친상 인수는 생모이고 편재는 생부인데 인수나 편재가 없다면 편인을 모친.정재를 부친으로 보아도 좋다.

* 편재는 큰아버지 정재는 작은 아버지로 보기 때문이다.

* 인수가 도화이면 모친이 기생출신(妓生出身)일 수 있고 귀문살 오귀살에 해당하면 신들린 무당(巫堂)이 될 수 있다.

* 시지가 양인살에 공망이면 홀아비 신세이다.

* 남자는 정편재가 혼합(混合) 돼면 바람기가 심하고 여자는 관살혼잡(官殺混雜)이면 음부(淫婦)의 명이 되기 쉽다.

* 인수가 태왕하면 딸 중에서 과부가 생길 수 있다. 식신 상관은 사위에 해당하 니 인수가 사위인 식상을 극하기 때문이다.

* 식상이 중중하면 딸이 바람둥이거나 두 번 시집 갈 수 있다.

* 사주에 인수와 편인이 모두 있으면 남의 조상 제사를 받들게 된다.

* 종재격 사주에 식상이 없으면 학문에 전혀 취미가 없으

며 비겁운을 만나면 크게 흉하다. 그러나 식상이 있으면 비
겁운도 무난하다.

　* 종아격 사주에 재가 있거나 재운을 만나면 부귀 하지
않은 사람이 없으며　인물도 정순하고 머리도 총명하며 학
문에도 소질이 있다.

　* 화격은 지혜롭고 종관 종재 종아 종세격은 선량하고 종
강격은 건강한 명이 라 하겠다.

　* 남녀 속궁합에 형.충이 있을시 남자의 성욕이 감퇴 될
수 있다.

　* **종강경(從强格)의 설명**

▶ 木의 곡직격(曲直格)은 재정직이나 부자의 명이다.

▶ 火의 염상격(炎上格)은 정치가나 권세을 누리는 고
관대작의 명이다.

▶ 土의 가색격(稼穡格)은 정치나 교육이나 재정직이
적합한 명이다.

▶ 金의 종혁격(從革格)은 법관 무관 군인 경찰의 명이다.

▶ 水의 윤하격(潤下格)은 교육자 발명자 연구자 문학
등으로 출세할수 있는 명이다.

▶ 종인격(從印格)은 정치가나 교육자이고.

▶ 종재격(從財格)은 재정직이나 행정직이고.

▶ 종살격(從殺格)은 법관 군인 경찰 정치가로서 적합
한 명이다.

　* **부성입묘(夫星入墓)의 사주.**

▶ 갑을일 생여(甲乙日生女) - 辛丑(癸辛己)에 丑만 있

어도 해당된다.

- ▸ 병정일 생여(丙丁日生女) - 壬辰(乙癸戊)에 辰만 있어도 해당된다.

- ▸ 무기일 생여(戊己日生女) - 乙未(丁乙己)에 未만 있어도 해당된다.

- ▸ 경신일 생여(庚辛日生女) - 丙戌(辛丁戊)에 戌만 있어도 해당된다.

- ▸ 임계일 생여(壬癸日生女) - 戊戌(辛丁戊)에 戌만 있어도 해당된다.

부성입묘란 여자 사주에 남자가 창고에 갇혀 있는 형국이라 결혼하면 생사별하던지 아니면 내가 가장 노릇을 해야 될 팔자이다.

* 이 종합비법은 여러 종류의 서적에 있는 것과 필자가 실지로 감정을 경험한 것으로 적중률이 높은 것만 추려서 수록하였으므로 혹시 중복되거나 비슷한 것이 있을 수 있으므로 참고하시기 바라며 독자들의 많은 연구와 이해가 있길바란다.

　＊ 운명은 사람을 지배 한다. 그러나 사람은 운명을 바꿀
수 있다.

제1장. 기초 이론과 실제 감정.

　동양철학인 음양오행은 우주공간에 떠 있는 해와 달 무수
한 별들과 지구의 움직임으로 신비하고 오묘한 자연의 이
치를 만들어 내는 학문을 연구하고 운명을 풀이하는데 중
점을 두고 있다고 본다. 음양오행의 이치는 정말 무궁무진
하여 이론상으로는 틀림이 없으나 실제 사주감정에서는 한
계가 있다고 봄으로 깊은 연구와 노력이 있어야 하겠다.
　필자가 수십 년 간 운명을 상담해 본 결과 숙명은 타고난
팔자로서 운명이 어떠한 역할을 하느냐에 따라 매년 운명
이 바뀐다고 본다.

숙명을 잘 타고난 사주는 행운이 오면 발복하여 재수대통하고 악운이 오면 현상 유지는 하지만 팔자를 잘 못타고난 사주는 행운이 올때는 발복하지만 악운이 들어오면 망하여 빚지고 도망가고 구설수까지 들어 남에게 피해를 주는 경우를 많이 경험한 바있다. 그리고 운명감정에는 실제 감정과 기초이론과는 차이가 있으므로 독자들의 참고가 있길 바란다.

제2장. 육친감정(六親鑑定).

제1절. 조상(祖上).

조상과 조부모의 길흉은 년주에 의해 감정하는데 년간은 조부 년지는 조모로 보며 년주 월주에 있는 편인과 상관으로도 볼 수 있다. 즉 甲木이 극하는 것은 戊土 편재이고 戊土가 극하는 것은 壬水이다. 壬水는 甲木에서 볼 때 편인이 되므로 조부에 해당하고. 甲木이 극하는 것은 戊土편재이고 戊土 편재를 생하는 것은 丁火인수이다. 고로 甲木에서볼 때 丁火는 상관이므로 丁火상관을 조모로 볼 수 있다. 이 같은 방법으로 육친을 표출할 수 있으므로 조부모 부모 형제 처첩 자식 및 손자 친구 등을 볼 수 있다.

어떤 이는 오대손 까지도 길흉을 감정할 수 있다고 하나 실제 사주 감정으로는 정확하지 않는다고 본다. 그리고 육친 감정 외에도 사주 구성상 위치에 따라 년주를 조상. 조부. 궁으로 볼 수 있고. 월주를 부모. 형제. 자매. 등 가정 궁으로 볼 수 있으며. 일주는 일간은 본인으로 일지는 남자는 아내궁 여자는 남편궁 등 배우자 궁으로도 보며 남녀 속궁합 볼 때 꼭 필요하다. 시주는 자식. 손자. 말년과 건강을 의미하며 자식의 길흉 화복을 감정할 수도 있다.

여기서 주의할 것은 사주 구성상 신강이냐 신약이냐 용신 격국이 어느 육신의 희기신(喜忌神)에 해당 하느냐에 따라 다르므로 종합적인 판단을 해야 할 것이다. 그리고 형.충.파.해.공망 등 신살 등도 참작해야 한다.

년주에 재성 관성 인수 천을귀인 등이 있으면 조상이 부귀한 집안이며 건록 장생 재왕 등이 있으면 명문가의 집안으로 볼 수 있다. 년주에 겁재 양인 편관 편인 상관 등이 있으면 조상의 덕이 없으며 사 절 묘 형 충 파 등의 신살이 있으면 조상이 미미했다고 본다. 년월주에 정관 재성이 희신에 해당하면 조부모가 부귀했다고 본다.

(예).

年. 癸酉. 일간 甲木이 寅木월에 생하여 신강 하다.

月. 甲寅. 재약 신왕하여 火土운이 용신이다.

日. 甲辰. 甲木이 용신을 극하나 월지 酉金이 辰酉金 하

時. 己巳. 여 정관도 강하여 甲木을 억제하여 사주가 맑아졌다. 년주에 인수정관이 있어 일주에 이로우므로 조부가 부귀했음을 알 수 있다.

제2절. 부모(父母).

　부모궁은 편재와 인수로 보지만 월주(가정)궁으로도 볼수 있는데 월주에 편재 인수가 동주하면 더 확실하다. 월주에 편재와 인수가 있고 길신에 해당하면 부모가 부귀했고 건록 재왕 천을귀인과 동주하면 부모가 부귀 공명한 명문가 집안임을 알 수 있다. 년월주에 인성과 관성이 상생하면 부모덕이 반드시 있다. 년월주 천간에 인수가 용신이고 신약을 면하면 부모 덕이 있다.

　초년 대운이 길하면 부모덕이 있고 대운이 나쁘면 부모덕은 없는데 가정이 부유하면 병고나 질병으로 고생이 심하다. 년월지에 재성과 인수가 형충을 하면 부모덕이 없어 가정을 떠나 타향이나 외국에 가서 살면 부모 자식 간의 흉운을 면할 수 있다. 인수는 모친이고 식상은 조모가 되므로 인수가 많으면 두 어머니를 섬기고 성격상 게으르고 식상이 많으면 조모가 두 분일 수가 있다. 편재나 인수가 백호살이고 형충 신살과 동주하면 부모가 사고 나고 다치고 아파서 수술 등이 있으며 요즘에는 교통사고가 있으며 모친은 산고가 심하다.

　사주가운데 인수가 귀문살이나 원진살 오귀살이 있으면 모친이나 근친이 반드시 신들린 분이 있고 아니면 자신이 무당 박수가 될 팔자이다. 재성은 부친이라 편재 정재가 혼잡 되어 있으면 두 부친을 섬기거나 이복 동기간이 있는 상이다. 편재가 백호살에 해당하고 형충이 있으면 부친이 횡사 객사할 수 있다. 특히 교통사고 공사장 사고가 있다.

甲辰일과 乙未일생은 부친이 백호살에 해당하며 일찍 생사별 할수 있고 형.충을 만나면 횡사 객사할 운명이다. 인수가 왕성하고 편재가 미약하면 부선망이고 편재가 왕성하고 인수가 미약하면 모선망으로 볼 수 있다. 그러나 형제가 많은 가운데 내 운명에만 해당하면 초년에 일찍 부모 고향을 떠나 타향에서 살면 생사별은 면할 수 있다.

재성이 비겁위에 있으면 살지라 하여 부친을 일찍 생사별 할 운명인데 부자가 떨어져 살면 면할 수가 있다, 월지에 고신 과숙이 인수와 동주시 부모는 고독하고 화개와 동주시 총명은 하나 비사교적이다. 월지에 편관이나 양인이나 상관이 있으면 부모성질이 난폭하거나 자신도 좋은 성격은 아니다. 재성이 길신이나 월간에 비견 겁재가 있으면 부모 덕이 없다.

(예).

年. 癸酉. 일주 丙火 丑土일 상관에 신약하다. 년월주가

月. 乙丑. 관인 상생 하여 귀문 출신이고 용신은 乙木 인

日. 丙子. 성이다. 월.시에 상관이 많아 정관 水을 파극

時. 己丑. 하니 乙木을 생하지 못하고 있다. 또한 辛酉 대운에 乙木 용신이 파극되어 졸한 명이다.

제3절. 형제(兄弟).

형제 덕이 있고 없는 것은 비겁과 월주에 의해 판단하는데 비겁이 용신과 희신에 해당하면 형제덕이 있고 건록

재왕 장생 등에 해당하면 형제덕이있으나 형.충.파.해.공망.이면 형제덕이 없거나 있더라도 아주 미약한 상태이다. 일주가 신약이라도 월지에 인수가 있으면 형제가 많고 비겁이 적당이 있으면 반드시 형제가 있고 우애가 있으나 형.충.파.해.되면 원만치 못하다. 비겁이 천을귀인과 천.월덕이 있으면 형제간 우애가 돈독하고 귀하게 된다. 비겁이나 월주에 건록에 해당하면 부귀하고 장생과 동주하면 형제는 건강하고 장수한다. 비겁이 기신에 해당하고 형 충 파가 있으면 형제덕이 없다. 일주와 비겁이 형.충.파.될 때 형제사이가 나쁘다.

월주의 천간 지지가 모두 겁재이면 이복형제가 있다. 비겁이 사.묘.절.목욕.과 동주시 형제 연이 박하고 있더라도 도움이 되지 않는다. 비견과 겁재가 혼잡되면 이복형제가 있을 수 있다. 인수가 많으면 이복형제가 있을 수 있으며 좀 게으른 편이다.

군비쟁재된 사주는 독신이거나 형제가 있더라도 도움은 안되고 손해를 볼 수 있다. 비겁이 도화나 역마와 동주시 놀기 좋아하고 돌아다니길 좋아 한다. 비겁이 오귀살 귀문살 원진살에 해당하면 형제가 무당 박수가 아니면 본인이 무당 박수가 될 수가 있다.

(예).

年. 丁亥. 일주 丙火 寅木월 장생궁이라 신강하다.

月. 壬寅. 그러나 水 관성이 많아 사주가 좀 약하다.

日. 丙子. 丁丙火 길신에 월지 寅木 지장간에 丙火가 있어
時. 丙申. 형제가 많고 화목하여 모두 길한 명이다.

(예).

年. 癸巳. 일주 丙火 午火월에 득령하고 비겁이 많고 재
月. 戊午. 관이 무정하여 너무 약하다. 고로 형제는 많으
日. 丙午. 나 서로 화목하지 못하고 하나도 성공 하지 못
時. 辛卯. 한 명이라 하겠다.

제4절.처궁(妻宮).

남자는 육신으로 볼 때 정재와 편재을 처궁으로 보는데
일지을 처궁으로보기도 한다. 그런데 일지를 처궁으로 보
는 것이 더 확실하다고 본다. 정재는 본처요 편재는 첩이나
애인 등으로 보는데 편재만 있을 경우 편재를 본처로 보기
도 한다. 일지를 처궁으로 보기 때문에 일지가 길신인가 흉
신인가 등으로도 판단한다.

식상이 왕성할 때 재성이 있어 식상이 재성을 생조하
면 처덕이 있다. 비겁이 많이 있더라도 재성이 지지에 암
장되어 있으면 처는 양호하다. 일지에 재성이 있고 재성
이 길신이면 처와 재물을 함께 얻는다. 일지가 길신이라도
형.충.파.해.공망.으로 극해 되었다면 처덕이 없다.

사주에 재성이 간합 되어 있으면 반드시 처연이 변한다.
양인이나 겁재가 많고 재성이 경미하면 극처하거나 생사별
한다. 일지에 비겁 양인이 같이 있으면 처로 인해 손재 구

설이 있고 상처할 수도 있다. 재성이 미약한데 비겁 양인에게 파극이 되면 상처 수도 있다. 그러나 사주에 식상이 있으면 무난하다. 사주에 재성이 없더라도 비겁이나 양인이 많으면 생이 사별을 면치 못한다. 재성이 천을귀인과 동주시 아내가 미모이고 금여 암록과 동주시 현처를 얻는다. 일지가 정관이나 상관일 때도 미모에 속한다. 재성이 간합되고 모욕이나 도화가 동주할 때는 아내가 부정할 수 있다.

일지에 동일한 오행이 삼합하거나 이합할 때 처가 부정하거나 생사별할 수 있다. 일주나 재성이 간합 삼합 육합 하여 타 육신으로 변할 때 처에게 외정이있다고 본다. 일지가 화개와 충극하면 처가 부정이 있고 화개와 양인이 동주시 처연이박하고 처녀와 결혼하면 이혼수가 있다.

편.정재가 혼잡 되어 있으면 첩이 있거나 재혼하기 쉽다. 정재가 편재보다 왕하면 첩이 오래 못가고 편재가 더 왕성하면 첩을 더 사랑하고 심하면 본처와는 이별수가 있다. 재성이 많고 신약이면 첩을 두는데 오래가지 못한다. 남녀 식상이 많거나 왕하면 호색다음하다.

지지에 子午卯酉가 다 있으면 주색으로 몸 망치고 패가망신한다. 일시지에 도화와 함지살이 있으면 호색다음하다. 지지에 육합 삼합이 많으면 음천하다. 丁壬의 木 간합이 여러개있으면 음란하다. 사주에 水氣가 많아도 음란하다.

(예).

月. 丁未.　일주 丁火 巳월이고 木의 생을 받아 왕하다.

月. 乙巳.　壬水 정관 약하나 유금의 생을 받아 위기을 면

日. 丁酉.　하다. 월지 겁재라 출신은 빈하나 북방 金水운

時. 壬人.　에 처와 재물 얻어 벼슬길에 오른 명이다.

(예).

年. 乙丑.　일주 丙火 午戌火반국이라 왕하다.

月. 丙戌.　년월지 丑戌土 식상이 火기을 유통시켜 재복

日. 丙午.　처복이 있는 것 같으나 식상과 재성이 무정하

時. 辛卯.　고 午戌火반국에 재가 감당을 못하고 중년 巳
　　　　　午未 남방 火방이라 몇 번 상처한 명이다.

제5절. 결혼과 궁합(結婚과宮合).

　일지와 육합 삼합 반합되는 대운 세운 월운에 결혼이 가장 많다. 여자는 식신운이 왕성하고 일지와 합이되고 관이 합이 들어오는 해에 혼인을 하게 된다. 조혼을 할 사주는 남자는 재성 여자는 관성이 왕하거나 대운이나 세운에서 들어오는 운에 조혼을 하게 된다. 만혼할 사주는 남자는 비겁이 많거나 여자는 관살혼잡되거나 관살이 사주상 없거나 진.술.축.미.가 다 있거나 종강.종세.태강 사주는 만혼하거나 나이가 많은 사람이거나 재혼한 사람이거나 아니면 독신 생활을 하거나 외국에 나가서 살거나 외국인과 살면 일신은 편하게 지낼 수 있다.

일지에 재성이 천덕.월덕.이 있으면 처는 자비로운 사람이다. 일지에 인수가 있으면 처는 어머니같은 사람이고 재성과 장생이 동주하면 부귀한 명문집 여성과 결혼하고 일주 신강에 재성이 건록을 만나면 처는 용모가 단정하고 현숙한 처를 둘 수 있다. 일지에 편관이나 양인 겁재가 있으면 처는 성질이 나쁘다. 일주 약하고 재성이 강하면 공처가이다.

신왕 재왕하면 부귀하고 처의 내조가 있다. 사주에 비겁이 대부분이면 화류계 여자와 결혼하기 쉽다. 편재가 왕한 사주는 연애결혼이 많다. 일지에 도화가 있고 재성과 동주해도 연애결혼한다.

지지의 재성이 육합 삼합 반합이면 연애결혼한다. 남녀 궁합은 사주의 지지를 대조하여 육합 삼합 반합 방합 등과 형.충.파.해.의 유무로 판단한다. 지지가 육합 삼합 반합 방합이 되면 좋은 궁합이고 형.충.파.해.가 되면 흉운으로 본다. 대가족 중심인 옛날엔 가정궁을 월지 위주로 보았으나 현시대의 핵가족일 경우 일지인 속궁합도 많은 참고가 있길 바란다.

＊ 월지나 일지를 대조하여 궁합에 형살이 있을 경우.

寅巳申이 될 경우 서로가 고집으로서 융합하기 힘들고.

丑戌未가 될 경우 애정결핍과 혐오감으로 화합하기 힘들고.

子卯가 될 경우 불윤관계로 화합하기 힘들고.

辰辰.午午.酉酉.亥亥.가 될 경우 실증이나서 서로 염오를 느끼어 부부간 불화와 공망수가 있다.

또 월지나 일지를 대조하여 충살(沖殺)이 되면 고집과 아집으로 풍파가 있어 자기주장대로 하는 경향이 있다. 또 파살(破殺)이 되면 지속적이긴 하나 부부간 원만치 못하고 화합도 힘 들고 이혼하기도 힘들다. 또 해살(害殺)이 되면 상대방의 결점만 알고 장점은 모르며 내결점과 장점은 모른다. 또 생년의 지지로 월지 일지 시지를 대조하여 고신 과숙 원진등 신살도 참작해야 한다. 또 남녀 일간을 대조하여 천간 합이 되는지도 참고 해야 한다. 또 자기 사주에 필요한 오행이 많이 가진 배우자인가도 참고해야 한다. 즉 水기가 부족한 사주는 壬癸.亥子.水 등도 참고 바란다.

제6절. 자식 말년(子息末年).

남자는 관살로 여자는 식상으로 보고 남녀 다 시주의 동태로 자식의 유무를 판단한다. 자식이 생기는 해는 관살과 식상이 세운과 월운에서 들어오는 해와 약한 용신이 강한 용신의 운을 만나는 해운에 생긴다.

남자는 신왕 사주에 관살도 왕하면 자식이 많다. 관살이 미약 하더라도 제가 왕하면 자식이 많다. 남자는 시간이나 시지가 일간 및 시지와 생합하면 효도하고 자식덕도 있다. 그러나 시지가 일지를 충극하면 불효자를 두기 쉽다. 또 시간이 일간을 충극해도 불효자를 두기 쉽다.

남자는 관살혼잡하면 처첩에서 자식을 둘 팔자이다. 남자는 사주에 관살이 없으면 식상으로도 자식을 본다. 남자는 칠살이 왕성한데 식상이 없거나 인성이 없으면 제살을 못해 불효자를 둘 수 있다. 남자는 관살이 미약한데 공망을 만나면 자식이 없다.

시지에 겁재 양인이 있으면 자식때문에 재산 없애고 말년 불행 할 수 있다. 여자는 식상이 혼잡하거나 중첩되면 내 자식은 남 주고 남의 자식을 기르는 수가 있다. 여자는 식상이 자식이다. 식상이 용신 희신이면 자식복이 있고 기신에 해당하면 자식복이 없다. 여자는 신왕사주에 식상도 왕하면 자식을 많이 둔다. 그런데 현시대에는 자식과 수명관계가 정확성을 잃어가고 있다.

자식은 단산하고 수명은 의학기술 발달과 좋은 약이 많아 수명은 백세 시대라 역술로서는 가늠하기가 어렵다. 참고 바란다. 시주에 정관이 있으면 자식용모가 단정하다. 시지가 형.충.파.해.공망.이면 자식과 이별수가 있으나 떨어져 살면 면할 수있다. 사주가 대부분 식상으로만 되어 있어도 자식과 인연이 박하다.

＊ 자식은 몇 명일까.(십이운성 참조).

장생 – 4자에 딸 2명.	건록 – 3자에 딸 2명.
제왕 – 5자에 딸 1명.	관대 – 3자에 딸 1명.
쇄 – 2자에 딸 1명.	병 – 1자에 딸 1명.
사 – 무자.	묘 – 무자.

절 – 1자 딸 2명.   태 – 딸뿐.
양 – 3자 딸 1명.   목욕 – 2자 딸 다수.

이것은 12운성으로서 통계이기 때문에 정확성이 약하다
고 본다.

제3장. 부귀빈천(富貴貧賤).

제1절. 직업(職業).

사람이 살아가는 데는 직업이 필요한데 옛날에는 수십 가
지의 직업이 있었지만 현대 사회에서는 수만 가지로 구분
되어 있기 때문에 사실상 음양오행인 추명학으로는 직업에
대한 구체적인 감정은 어렵다고 본다. 그리고 사람의 수명
도 옛날에는 60세를 기준 했지만 요즘 시대는 90세 100세
을 기준하기 때문에 건강과 수명에 대해 감정하기도 어렵
다고 본다. 건강에는 중풍이나 암이나 고질적인 병도 많지
만 의술이 발달하여 수술하고 좋은 약으로 치료해서 수명
이 길어졌기 때문이다.

현재 미국에서는 인간 수명을 250년을 살 수 있는 신약
개발이 완성된 상태라고 한다. 또 자식이 몇명일까 아들일
까 딸일까도 중요한 문제라하겠다. 핵가족 시대라 단산하
여 하나 둘만 낳아 잘 기르자. 무자식이 상팔자다.라는 생

각때문에 자식에 대한 감정도 어려움이 있다고 본다. 이것들은 필자가 경험한 바이다.

1. 타고난 직업.

사주가 신왕하고 정관이 간(干)에 두출하여 지(支)에 근하거나 재성이 관을 생조할 때는 관운이 따른다. 관살이 왕성한 사주에는 인성이 있어 관인 상생을 이루어 관운이 좋은데 관 성보다 재성이 약할 때는 재물보다 명예(자존심)을 더 중요하게 여긴 명이라 하겠다.

재성이 인성을 억제하나 관살이 있어 財.官.印.이 상생 유통할 때 일주가 인수의 생을 받아 기운이 일간에 모이게 되는데 이러한 사주는 재물.관록.명예.건강.을 타고난 길한 명이라 하겠다. 관살과 재성이 무두 지장간에 있는 운명도 관운이 따른다. 인수와 관살이 천간에 투출한 사주. 신왕하고 관살도 왕할 때 사주에 인성이 있어 관인 상생한 사주도 관운이 좋다.

사주에 관살이 없으나 삼합.육합.이 관살로 변한 육신일 때 재.관.인.이 상생하거나 관인 상생하거나 살인 상생하거나 재자약살인 경우 모두 직업(官祿)이 있는 사주로 귀격으로 볼 수 있다. 그러나 타고난 사주팔자(宿命)가 좋더라도 대운나 년운이 길해야 발달하지 길하지 못하고 흉운을 만나면 아무리 재주있고 실력자라도 그에 대한 합당한 직업이나 직위를 얻지 못해 평생 불리한 명이라 하겠다.

사주가 순수하고 용신과 격국이 조화를 이루어 청기가 있으면 고귀하나 혼잡하고 탁기(刑.沖.破.空亡)가 있으면 직업이 미천하고 자주 변동이 심하여 가난한 명이 될 수 있다.

관인상생격(官印相生格)은 행정관이 되고 살인상생격(殺印相生格)인 사주는 사법관이나 무관 군인 경찰 의사 등으로 출세한다. 양인격(羊刃格) 편관격(偏官格) 시상일위귀격(時上一位貴格) 살인상정격(殺印 相停格)이 되면 법관 군인 경찰 의사 등으로 출세한다.

사주중에 삼형살(三刑殺)이 있고 격이 좋고 청기가 있는 것으로 식.재.관. 등이 왕성하고 일지가 재왕인 것. 편관이 재성에 의해 생조된 사주는 모두 법관 군이 경찰 등으로 출세한다. 편관이 왕성하고 양인이 있는 것. 상관이 왕성한 사주. 刑.沖.魁이 많은 사주. 辰.戌.丑.未가 다 있는 사주. 대부분 金으로 된 사주는 군인으로 성공한다.

2. 직업의 종류.

사주가 용신 및 희신이 상생 유정하고 청기가 있으며 정신기 삼자가 충족하면 제왕.제상.등의 사주이나. 일점 탁기나 刑.沖.破.空亡.의 살이 있으면 지방 공무원이나 하급직의 명이라 하겠다. 사주에 재관이 없거나 있더라도 심히 미약하고 刑.沖을 만나거나 空亡이면 중될 팔자이다. 특히 가정궁에 공망이면 무당박수 팔자로 종교적인 직업이 적합하다.

사주에 辰.戌.丑.未.가 많아도 독실한 종교인이 된다. 사주에 戊.己土가 많으면 신앙심이 두텁고 성직에 종사하나 용신 희신이 약하면 속세를 떠나 종교 생활에 전념한다. 土氣가 월.일지를 차지하여 왕성하고 金.木이 상극되고 용신 또한 약하면 종교인이 될 수 있다. 일주 태강한 사주에 재.관이 없거나 있더라도 미약하면 역술인이 되기 쉽다. 관살혼잡된 사주에 식상이 없거나 미약하여 제살(制殺)을 못해도 역술인이 되기 쉽다.

　사주에 辰.戌.丑.未.중 화개살이 3개 이상 있거나. 刑.沖. 空亡.이 있고 탁기가 있거나. 인수가 많아 일주가 태왕한 사주도 종교인이 될수 있다. 사주에 오귀살. 귀문살. 원진살.이 있는 명은 조상에 (육신참조) 종교인이 있던지 아니면 자신이 종교인으로 무당박수가 될 수 있다. 사주에 화개가 많을 때 예술계통. 인수와 화개가 동주할 시에 학문.식상이 왕성할 때와 식상과 문창성이 동주할 때 문학자로 명성을 얻는다.

　甲.乙木. 일주가 하절기(巳午未月) 출생자와.

　丙.丁火. 일주가 춘절기(寅卯辰月) 출생자는 木.火. 통명이라 하여 예술적 재능이 있어 음악.무용.배우 등으로 명성을 얻는다.

　庚.辛金. 일생이 동절기(亥子丑月) 출생자는 금백수청(金白水淸)이라 하여 문학으로 소질이 비상하다.

　사주에 식신 상관이 왕성하고 도화가 많은 사주. 화개가 여러 개있을 때 관살이 많고 일주가 약할 때는 예술적 소질이 있어 음악. 무용. 배우. 등으로 출세한다. 다만 청기가 있어야 하고 형.충.파.공망.의 탁기가 있으면 재능은 있으나 중도 하차하게 된다.

3. 직업을 용신과 격으로 볼 때(월지기준).

비견 − 비견이 많으면 독립적인 사업이나 변호사 의사 계리사 세무사 회계사 기자 등 자유직업이나 기술직도 좋은 명이다.

겁재 − 친구나 동료나 형제 등과 동업은 절대 불가하며 비견과 같은 직업이 무난하다.

식신 − 교육계 학계 직장 생활이 좋고 식신생재격은 사업. 상업가로 성공할 수 있다.

상관 − 학자 선생 교수 예능으로 성공하고 재성이 있으면 사업가도 가능하고 군인 경찰 등도 가능하다.

편재 − 청부업 중개업 금융업 투기업 상업이 적합하나 역마성이 있으면 외국과 무역업으로 성공할 수 있으나 속전속패할 수 있어 주의를 요함.

정재 − 정직한돈 고정된 수입 직장이나 보장된 상업 등이 적합하나 재성이 강할시는 투기사업도 좋으나 재성이 약하면 기술적인 공업이 좋으며 재성이 극히 미약하면 행상인이나 노점상인이 될 수 있다.

편관 − 건축업 청부업 운수업 등이 적합하고 법관 군인 경찰 의사 등도 적합하다.

정관 − 안정되고 정직하고 성실한 직업으로 공무원 사무원 모든 직업에 사무행정 등이 적합하다. 정관성이 좀 약할시는 기술계통의 상업도 적합하다.

편인 - 편업으로 의사 평론가 기자 출판업 운명가 한방 침술 등이 적합하고 기술로서 음식점 식품점 등도 용이하다. 특히 효신살은 계모 서모 같은 운명이라 방편을 하던지 명산 대천에 가서 기도를 하면 좋은 명이라 하겠다.

인수 - 어머니 같은 운명이라 지식을 요하는 선생 교수 학문적인 직업이 적합하다. 이상은 단순히 육신을 표출하여 추명하였다.

사주의 구성에 따라 차이가 있으므로 참고하기 바란다.

(예).
年. 辛丑. 일주 庚金이 未土월이라 득령하여 신강하다.
月. 乙未. 지지에 土기가 왕성하고 재관이 미약하여 사업
日. 庚辰. 실패하여 처자버리고 입산 수도승이 된 명이다.
時. 癸丑.

(예).
年. 壬子. 일주 癸水에 午火월 재성이 왕하여 신약이다.
月. 丙午. 癸水도 비겁이 많아 사주가 강하다.
日. 癸亥. 일주 강하고 재도 강하다. 신왕 재왕이라 금융
時. 丙辰. 업인 은행에 있다가 말년에 은행장이 된 명이다.

(예).
年. 癸卯. 일간 癸水 戌土월이라 신약이다.

月. 壬戌.　년지 卯木 식신에 문창과 학당이 동주하여 문장

日. 癸巳.　가로이름 있는 명이다.

時. 戊午.

제2절. 재물(財物).

현대 사주 추명학에서는 건강이나 수명이나 자식이 몇 명이나 되는가를 감정 하기란 분명치가 않다고 본다. 수명은 길어지고 자식은 단산하여 아들.딸 한.둘만 낳아 잘 키우기 때문이다. 그러나 재물관계는 옛날이나 현대나 부자와 빈자에 대한 감정은 상당히 정확성이 있다고 본다.

1. 돈복이 많은 팔자.

일주가 신왕하고 재관도 왕성하면 부자 팔자인데 관성보다 재성이 용신 희신이면 부자이고 재성보다 관성이 용신 희신이면 귀격으로 관직으로 출세한다. 일주가 신왕하고 비겁이 많으나 재성과 인성이 사주에 없고 식상만 있을 때도 부자 팔자다. 일주나 인성이 왕성하고 식상이 경미하나 재성만 있을 때 부자팔자다.

신왕 사주에 관살이 약하고 인성이 있으나 재성이 월지에 있던지 왕성할 때도 부자 팔자다. 일주가 비겁으로 신왕한데 재관이 있거나 관성이 없어서 재로 용하는데 재가 일주에 비해 약할 때 식상으로 용하여 재성을 생하여 주는 사주 즉 식신 생재격도 부자팔자다. 신왕 재왕하고 재성이 삼합이나 반합을 이루고 천간에 투출하여 지에 근해 있을 때도

부자팔자다.

壬癸 일생이나 戊己 일생의 종재격(從財格)은 큰 부자가 된다고 한다. 신왕 사주에 편재가 월간에 투출하고 월지에 근이 되면 투기사업으로 큰 돈을 번다. 그러나 간에 재가 있고 지에 근을 얻지 못하면 길신태로(吉神太露)라 비겁에 극을 받으면 겉보기는 좋아도 실속이 없어 불길한 명이 된다. 이상은 부자의 사주이나 재성이 형.충.극.공망.이 없어야 한다. 형.충.극.공망.이 있으면 사주의 용신 격에 따라 차이가 많다.

2. 돈복이 없고 적은 팔자.

신왕 사주에 재가 많아도 모두 타 육신과 합을 이루어 다른 오행으로 변하면 가난한 팔자이다. 즉 壬癸日 신왕에 丙火 財가 辛金과 합하여 丙辛水가 되어 비겁인 水로 변한 것이다.

사주에 비겁이 많고 재성이 하나만 있으면 군비쟁재가 되어 가난한 팔자이다. 신약 사주에 식상이 경미하고 재성이 많을 때나 재성이 경미하고 관살만 많을 때도 가난한 팔자이다. 재성이 경미하고 비겁이 왕성 한데 식상이 없으면 가난한 명이나 식상이 있어 재을 생하면 부명이 될 수 있다. 사주가 중화되지 않고 용신이 미약 하거나 무정할 때 대운에서 기신에 해당하는 육신이 들어올 때도 가난한 팔자이다. 재성이 공망을 만나도 재복이 없고 형.충을 만나면 돈은 벌어도 모이지 않고 도심(盜心)만 있고 실속은 없다. 미약한 재성이 용신일 경우 운에서 인수나 비겁이 오면 가난을 면하기 어렵다. 재성이 용신 희신에 해당 하더라도 식상이 사주에 없으면 돈은 벌어도 금세 나간다. 사주가 너무 난조(暖燥)하거나 냉습(冷濕)하여 조후(調候)를 요하는데 조후를 못해도 가난한 명이 된다. 년지에서 시지까지 계속 극(剋)해 오면 가난하고 단명하다. 干支가 서로 형 충 상극해도 불길한 명인데 干이 支를 剋하는 것은 좀 나으나 支가 干을 극하는 것은 하극상(下剋上)이라 대흉하다. 년지.월지.일지.시지.가 형.충.파.되면 평생풍파가 있고 子午卯酉가 다 있으면 주색으로 패가 망신할 팔자이다.

辰戌丑未가 사주에 다 있으면 여자는 팔자가 세고 고집불통이라 남편과 생사별하고 고독한 명이나 남자는 격국이 잘 이루었으면 부귀공명할 명이다. 년에서 시.시에서 년.으로 상극해도 가난하며 사주에 병이 있는데 약이 없어도 빈천하고. 양인이 왕하고 재가 미약하며 관살이 없어도 빈천하고 파란 곡절이 많은 명이다. 신왕하여 관살이 약할 때 재성이 관살을 생조하나 식상이 전혀 없으면 처복은 있고 재복은 없다. 그러나 재궁 처궁에 형.충.파.해.공망.이 있으면 처복도 없다. 신왕 사주에 식.재.관.이 다있으면 처복 재복이 있다. 그러나 재성이 식상과 관성을 유통시키지 못할 때 재복은 있으나 처복은 없다. 재복 처복은 재성이나 처궁에 의해 감정 하지만 혼돈하기 쉬우며 어떤 경우라도 처궁 재궁이 파극되거나 신살이 있으면 처복 재복은 없다고 본다.

재성이 파극되거나 기신이라도 오행이 조화를 이루어 정신기 삼자가 있고 맑은 사주는 청빈하나 고귀한 명이다. 재성이 용신 희신에 해당하고 대운이나 년운을 만나면 돈이 들어오는 시기이나 년운 보다 대운이 좋으면 치부할 수 있다. 재운과 관운은 년운 보다 대운을 더 중요하게 보면 된다. 신강 사주에 월지 천.간지에 재성이 근해 있는데 대운이나 년운에서 재를 생하는 오행이 들어오면 재물이 생기나 재를 파극하는 형.충.파.의 신살이 들어오면 벌었다가도 금세 나간다. 신강 사주에 오행이 다 갖추어져 있고 정신기 삼자가 잘 유통되어 있는사주는 나쁜 운에도 망하지 않고 평운에는 발복하고 길운에는 부자가 될 명이다.

　사주의 년지나 월지에 재성이 있으나 형.충.파.극.되거나 공망이 있으면 초년은 불길한 명이고 일지 시지에 재성이 있어 희신 일 경우 운에서 길운을만나면 중년 말년은 대길 명으로 선빈후부(先貧後富)의 팔자이다. 사주 년.월주에 재성이 길신에 해당하면 초년운이 양호하고 일지나 시지에 재성이 있어 기신에 해당하고 운도 불길운에 해당하면 빈명으로 선부 후빈(先富後貧)의 명이다.

(예).

年. 甲申. 일간 壬水가 子水월과 금수가 많아 강하다.

月. 丙子. 월간의 丙火 재성도 亥子水의 생을 받은 寅木

日. 壬寅. 甲木의 생을 받아 강하다. 신왕 재왕에 甲木이

時. 庚子. 생조하여 식신 생재격 이다. 갑부의 명이다.

240

내가본 운명학

재성은 많이 필요없고 식상에 생조되기만 하면 된다.

(예).

年. 丙子. 일간 壬水가 丑土월에 년지 子水가 있으나 자

月. 辛丑. 축은 토라 일간을 돕지 못해 신약이다. 월간

日. 壬午. 辛金이 丑중 辛金에 근하여 용신이 될 만하다.

時. 壬寅. 그러나 寅午火국이라 용신 辛金의 병이다. 운
　　　　　 마저 동남방 火方이라 재가 태왕하고 병이 중
　　　　　 중하여 사업실패 파산하게 된 모인의 명이다.

제4장. 질병과 불구.

　사주에 木.火.土.金.水.가 다 있고 중화됨을 길격 사주로
보는데 중화란 오행의 강약이 평등하고 서로 刑.沖.剋.이
없고 순환상생(循環相生)을 이루는 것을 말함인데 사주
에 두 가지나 세 가지나 네 가지 오행으로 구성되어 있더
라도 서로 상생관계를 이루어야 중화된 사주라 볼수 있고
刑.沖.剋.空亡.을 이루었으면 중화라고 볼수 없다.
　즉. **상생** － 木生火. 火生土. 土生金. 金生水.이고.
　　　상극 － 木剋土. 土剋水. 水剋火. 火剋金.을 말한다.
　사주에 木.火.土.金.水.오행이 모두 구비되어 있고
刑.沖.剋.의 살이 없는 사주와. 천간합이나 지지합이 희신
으로 변한 것과. 일주 태왕하나 태과되지 않는 것과. 신왕

에 관살이 약하나 사주에 재성이 관을 생조하는 것과. 신왕에 재성이 약하나 식상이 재를 생조하는 것과. 신왕에 식상이 수기유행하는 것과. 대운이나 년운에 용신과 희신이 서로 刑.沖.魁.되지 않은 사주는 모두 장수할 명이다.

　사주에 木.火.土.金.水. 오행이 다 구비되어 있어도 서로 刑.沖.魁.을 이루거나. 일주가 심히 약하거나. 용신 희신이 미약하고 기신이 왕하거나. 년.월.일.시. 간지가 서로 刑.沖.魁.이 되거나. 용신 희신이 길신인데 합이 되어 타오행으로 변한 사주와. 일주신약한데 인성이 태왕한 것과. 신왕 사주에 식상이 없어 설기하지 못하고 외격(從格)에 속하지 않는 것과. 신약 사주에 식신 상관이 중첩될 때. 金.水. 냉하고 습토(濕土)만 있어 과습할 때. 木. 火.로만 되어 조토(燥土)가 있어 과조할 때. 지지에 辰.戌.丑.未.와 寅.申.巳.亥.와 子.午.卯.酉.가 있을 때. 초중년 대운이 용신과 심히 刑.沖.魁.할 때는 질병과 괴질있어 모두 단명할 명이다. 사람이 죽고 사는데는 여러가지 질병과 객사, 익사, 중풍, 암, 목을 멘 사고, 교통사고, 낙상 등이 있는데 사주 추명학으로는 이러한 사고를 정확히 감정하기란 어렵다고 본다.

제1절. 오행으로 볼 때 생과사. (일주기준).

甲乙木 – 간.담.신경통.정신병.두통.암등으로 사망할 수
　　　　있고 정신이상이나 나무에 목매여 사망할 수도
　　　　있다.

丙丁火 – 심장.소장.안면.상처나 고혈압이나 심부전증

중풍으로 사망 할 수 있다.

戊己土 - 위장.비장.복부.피부. 등 급체하거나 식중독이
나 암 등으로 사망할 수 있다.

庚辛金 - 폐.대장.근골.사지.기관지. 등으로 사망할 수
있다.

壬癸水 - 신장.방광.혈액. 등으로 사망할 수 있다.

이것은 사주에 음양오행이 태과하거나 불급하거나 외격
(從格)이 아니고. 한가지 오행에 치우칠 경우와 용신격이
없거나 아주 미약하거나 형.충.극.을 당하거나 운에서 용
신을 파극할 때 해당되므로 운명감정에 신중을 요한다. 또
사주에 양인이 여러개있거나. 역마와 양인이 동주할 때 객
사할 수 있고. 도화.양인.목욕.편관,이 왕할 때는 색정으로
객사할 수 있고. 월지의 관살을 충극할 때나. 괴강살이 많
을 때나. 형충이 많을 때나. 왕성한 오행을 충극하거나 충
극당할 때는 객사하거나 흉사할 명이라 하겠다. 사람이 죽
고 사는 것은 운명에 따라 다르지만 대게 대운보다 년운이
흉운일 때 사망률이 높다.

대운이나 년운에서 길운일 때는 명이 발복하여 건강하고
재운도 따라 주지만 운에서 흉운이 들어오면 재산 실패 사
고 구설 질병 병고 액난 등이 있으며 심하면 사망까지하게
된다. 즉 명의 길흉화복은 대운을 더 중요시 하지만 사람이
죽고 사는 것은 년운을 더 중요시한다.

비겁이 많은 사주에 재가 미약한데 운에서 또 비겁운이 오

면 군비쟁재(郡比爭財)가 되어 재난을 당하거나 생명도 위험하다. 사주에 비겁이 많아 일주가 태왕해서 식상으로 설기 용신할 경우 운에서 인성운이 오면 파료상관(破了傷官)이 되어 식상용신이 파극되어 사망까지할 수 있는 명이다.

재다신약(財多身弱)에 비겁으로 용신할 경우 재성 관살운에 사망할 수 있고. 신왕에 양인이 있고 칠살이 없을 경우 양인 및 비겁운을 만나면 사망할 수 있고. 甲申일주 출생자가 庚寅년 운을 만나면 그 해년에 필사할 수 있다. 庚寅일주 출생자가 甲申년 운을 만나도 그 해에 사망할 수가 있다. 년간과 일간이 극하고 년지와 일지가 같이 형.충.극. 하면 단명하던가 심하면 변사할 수 있다.

(예).

年. 辛丑. 일간 甲木이 巳火월에 설기되어 신약이다.

月. 癸巳. 그러나 水木이 있어 일주도 강해졌다.

日. 甲子. 이 사주는 오행이 모두 구비되고 식.재.관.인.

時. 丁卯. 이 모두 유정하여 왕성하다. 인간 오복을 구비한 명이다.

(예).

年. 壬辰. 일주 壬水가 子水월에 출생하고 水기가 많아

月. 壬子. 태왕하다. 지지에 양인이 2개나 있어 명이 불

日. 壬子. 길하다. 丙辰 대운 庚午년에 군비 쟁재가 되어

時. 戊午. 졸한 명이라 한다.

제5장. 성격(性格).

사람의 성격은 착하고 유순한 사람 거짓말쟁이와 사기꾼 속 다르고 겉 다른 사람. 고집 불통 등 여러가지 형태가 있는데 음양오행상 감명비법으로는 세부적으로는 추리하기가 어렵다고 본다. 그러나 일간지와 월지의 오행이 어떤 육신에 해당하고 어떠한 격에 해당하느냐에 따라 성격 판단을 할 수 있다.

제1절. 일간 기준의 성격.

1. 甲乙木일 경우 木은 인(仁)이다.

木이 강하면 인자하고 의리가 있고 성실하며 부지런하고 다정 다감 하고 후덕한 마음이지만. 태과하고 너무 많으면 어질지 못하고 질투심이 있고 지배욕이 있으며. 태약이나 불급하면 간교하고 잔꾀를 부리고 신용이 없고 무정하고 인색하며 의심과 결단심이 부족한 명이다.

2. 丙丁火일 경우 火는 예(禮)이다.

火가 강하면 예의가 바르고 낙천적이고 활동적이고 매사에 자신감도 있다. 태과하고 많으면 성격이 좀 독하고 급하며 안하무인이고 변덕스러운명이나. 태약하고 불급하면 의심이 많고 적과 내통하고 머리는좋아도 잔재주가 있고 예의도 없으며 결단심도 부족한 명이다.

3. 戊己土일 경우 土는 신(信)이다.

土가 강하면 신의가 있고 충성심과 효도한 마음이며 신념도 강하고 포부 또한 강하다. 태과하거나 많으면 상대방을 깔보는 경우가 있고 고집불통이며 버릇이 없고 현명치 못하여 사리분별을 못한다. 태약하고 불급하면 잘난체하고 이해타산이 있어 잔재주를 부리고 인색하며 남과 다투기를 잘한다. 그리고 戊己日 출생자는 신앙심이 있어 어느 종교나 좋으나 특히 우리 고유의 신앙인 무속 신앙을 좋아하는 경우가 많다.

4. 庚辛金일 경우 金은 의(義) 이다.

金이 강하면 자부심이 강하고 명예와 의리를 중요시 하고 용감하고 결단성이 있다. 태과하고 많으면 욕심이 많고 독선적이고 잔인한 편이며 남에게 지기 싫어하고 무모하게 처신한 명이다. 태약하고 불급하면 주관이 약하고 결단성이 부족하고 남과 시비를 잘하고 남의 말을 잘 듣는다.

5. 壬癸水일 경우 水는 지(智)다.

수가 강하면 총명하고 기교가 있고 자부심도 강하다. 태과하고 많으면 의지가 약하고 자기 머리가 총명함을 믿고 매사를 가볍게 여겨 실패수가 많으며 다음다재하여 호색가의 명이다. 태약하고 불급하면 잔꾀를 잘 부리고 독립심이 약하고 용기도 없어 남에게 의지하려는 경향이 있는 명이다.

제2절. 육신의 볼 때 성격.(용신.격국.월지 참조).

1. 비견(比肩) - 비견이 용신이면 성품이 온화하고 건강도 좋으나 많으면 자존심이 강하여 남에게 지기 싫어하고 고집 때문에 시기하고 다투기를 잘하며 비사교적인 명이다. 월의 간지가 모두 비견일 경우 자존심이 강하여 남을 깔보는 경향이있고 성질도 난폭한 명이다. 월지가 비견이고 년지나 일지에서 형.충.극.에 해당하면 대인관계가 원만하지 못하고 자주 변동이 심하다. 기술직은 무난한 명이다.

2. 겁재(劫財) - 겁재가 월지에 있으면 성격이 강하여 남에게 지기 싫어하고 인정도 없고 독한 명이다. 겁재가 많으면 졸렬하고 속과 겉이 다르고 잘난체를 하며 남을 깔보는 경향이 있다. 겁재.양인.동주시 성격이 안하무인(眼下無人)으로 행동하며 겁재.상관 동주시 흉악무도한 명이다. 비겁으로 용하여 재다신약(財多身弱)이 된 경우는 솔직하고 거짓이 없고 타협심이 있어 남을 도우려는 명이다.

3. 식신(食神) - 월지에 있으면 성격이 온후하고 명랑하며 원만하여 항상 여유있고 낙천적 이다. 일지에 있으면 신체 비대하고 시지에 도화와 동주시 호걸다운 면이 있어 주색을 좋아 한다. 식신이 많으면 매사 단순하고 발전성이 없고 무능한 면도 있다. 식신이 강하면 마음은 너그러우나 풍류를 즐기는 명이다.

4. 상관(傷官) - 월지에 있고 용신에 해당하면 다재다능하고 포부가 크며 감정이 예민하여 여러방면에 재능(才能)이 있다. 상관이 많거나 태강하면 자존심이 강하고 교만하여 사람을 깔보는 경우가 있고 거짓은 없으나 말이 좋아 변호사 선생 등의 좋은 명이다. 식신 상관에 재성이 없고 형충극에 해당하면 잔재주에 능하고 사기성이 있고 권모술수에 능하여 자기 꾀에 자기가 당하여 죄를 짓기 쉬운 명이다.

5. 편재(偏財) - 월지에 있고 용신이면 부지런하고 활동적이고 기교가 있어 빈틈이 없다. 사업 수단이 좋아 돈 잘 벌고 잘 쓰기도 한다. 편재가 많거나 천간에만 있으면 욕심이 많고 돈을 잘 쓰고 남의 일에 참견하고 바람기가 있어 남자는 주색을 좋아해 망신수가 있다.

6. 정재(正財) - 월지에 있고 용신이면 정직 성실 침착하고 부지런하며 매사에 신중하여 안전위주로 처세하기 때문에 안정된 생활을 하며 인내심도 강하고 가정적인 면도 있다. 정재가 태강하고 많으면 재물에 인색하고 게으르고 결단심이 부족한 면도 있다. 재다신약 사주는 처의 말을 잘 듣고 비겁이 많으면 여행을 좋아한다.

7. 편관(偏官) - 월지에 있고 용신이면 총명하고 용감하며 결단성은 있으나 권세를 믿고 타인을 무시하는 경우가 있으며 의협심이나 모험을 좋아하며 목적을 위해서는 남

을 이용하기도 한다. 일주가 약하고 편관이 많으면 남의 집 종업원이 적합하고 일주가 강하고 편관이 약하면 게으르고 자신감도 없다. 살인상생하면 재간도 있고 심성도 착하다.

8. 정관(正官) - 월지에 있고 용신이면 마음이 정직하고 다정다감하며 지성이 있고 품위도 있다. 또 사무적이고 관료적이며 보수적인 경향이 있어 매사에 무리한 일을 벌리지 않고 안정된 일을 추구 한다.

정관이 너무 강하고 많으면 의지가 약하고 형충극을 받으면 직업이 오래 가지 못하고 자주 변동이 생긴다. 월지에 정관 하나만 있고 형.충.극.공망을 당하지 않으면 군자의 명이고 인수가 있으면 고관대작으로서 묘한 명이라 하겠다. 관살혼잡이 되면 호색다음하고 잔꾀를 부리며 정관 정재가 있으면 총명하고 지혜가 있어 군자의 명이다.

9. 편인(偏印) - 월지에 있고 용신이면 부지런하고 활동적이고 재능도 있고 동작도 빠르나 성격이 까다롭고 변덕이 있으며 남과 잘 어울지않으며 혼자 하는 일에 종사하지만 마음에 드는 일은 잘 하지만 마음에 안들면 금방 실증을 내어 끝을 맺지 못하는 경우가 많으며 사람 사귀는데 변덕스러운 면이 있다.

편인이 많으면 용두사미격으로 시작은 좋으나 끝이 없는 명이다. 편인 인수가 동주하면 변덕이 심하여 두가지 일을 하고 편인 겁재 양인이 동주시 외면은 착하고 겸손하나 내면은 잔인하고 독한 성격이다.

10. 인수(印綬) — 월지에 있고 용신이면 두뇌가 영리하고 품행이 단정하고 군자나 신사의 기품이 있어 인자스런 마음이고 조심성과 참을성이 있어 실수는 적으나 남의 사정을 보아주다 손해 보는 일도 자주 있으나 그로 인해 남의 존경도 받는 명이다.

인수가 많으면 어머니가 여러명이라 좀 게으르고 인색하여 자기 위주로 행동하는 면도 있다. 인수격은 지혜롭고 마음이 너그럽다. 인수 양인이 동주하면 수십 가지 재능이 있고 인수가 형.충.극.공망이면 분주하기는 하나 허송 생활을 보내는 명이다. 그리고 종화격(從化格)은 머리가 총명하고 지혜롭고. 종세.종아.종재.종살격.은 마음이 선량하고 지혜롭고 종강 종왕격은 신체가 건강하다.

甲乙木의 종강격은 인자하고 마음이 너그럽다.

丙丁火의 종강격은 성격은 호탕하나 좀 급한면이 있다.

戊己土의 종강 마음이 자비롭고 너그럽고 신의도 있다.

庚辛金의 종강격은 사리가 분명하고 예리하여 거짓이 없고 솔직하고 의리도 있다.

壬癸水의 종강격은 지혜롭고 총명하며 활동성이 원만하고 대인 관계도 원만하다.

사주팔자의 성격 판단은 음양오행 관계 육친관계 일간과의 관계가 특성이 있기 때문에 잘 참작해서 판단해야 한다.

제6장. 여성의 팔자.

　여성의 팔자는 남자 팔자와는 좀 다른 면이 있다. 여성의 팔자는 신약해야하고 신강하면 불리한 명이고 식상과 관살과 그리고 일지의 동태를 잘 판단해야하고 중화됨을 요한다. 여성은 정관을 본 남편으로 보고 편관을 외부로 보는데 정관이 없을 때는 편관을 본 남편으로 보기도 한다.

　정관과 편관이 있으면 관살혼잡이라 하여 불리한 명으로 보는데 정관이 합이되고 편관만 남던지 편관이 합이되고 정관만 남으면 좋은 명으로 볼 수있다. 그러나 필자의 경험상 정관이 합이되고 편관만 남을시 외부가 있는 것을 보았다. (참고사항).

　어떤 책에는 여성은 남편을 잘 만나야 팔자가 좋다고 하는데. 여성의 숙명은 타고난 팔자가 좋아야 좋은 남편. 좋은 자식을 만날 수 있다고 본다. 본인의 사주가 좋아야 좋은 명이라 볼 수 있기 때문이다. 여성 사주에 일지가 용신을 생조하면 남편 덕이 있고 파극하면 남편 덕이 없는 명이라 할 수 있다.

　여성 사주는 정관이든 편관이든 하나만 있음을 요 한다. 여성의 종살격은 남편에게 순종하는 명이다. 여성의 사주는 관성이 간(干)에 있고 지(支)에 재성이 있으면 재생관 즉 명관과마(明官跨馬)라 하여 남편이 고귀한 명이라 매우 이상적이고 일주가 약하더라도 태약하지 않고 관살을 용하는데 관살이 좀 미약하면 사주에 재성이 있어 관성을 생조하면 재자약살(財滋弱殺)이라 하여 결혼하면 남편과 시집이 발복하는 명이다. 여성은 일주가 태왕하고 관살이 미약하면 남편 덕이 없어 과부가 될 명이고 식상이 왕하거나 많으면 남편과 생사별할 수 있으나 중간에 재성이 있으면 무해하다. 여성 사주에 관살이 없으면 남자를 싫어하여 독신자가 될 수 있고 관살이 미약하면 성적불만이 있는 명이다.

甲寅.乙卯.丙午.丁未.戊辰.戊戌.己丑.己未.庚申.辛酉. 일생은 일지가 특령하여 고집이 있어 결혼하게 되면 부부간에 불화가 많은 명이다. 일지가 왕하고 관성이 하나만 있고 지에 근하여 관성도 왕하면 남편은 귀부(貴富)가 될 명이다.

여성 사주에 寅申巳亥가 다 있으면 풍상이 많아 일부종사하기 힘들고 辰戌 丑未가 다 있으면 고독하여 부부해로하기 힘들고 子午卯酉가 다 있으면 음란하여 부부해로 하기 힘든 명이다.

관성과 식상이 모두 공망이면 남편 자식궁이 해롭다. 여성 사주에 곡직격.가색격.염상격.종혁격.윤하격.을 놓으면 일신은 부귀할 수 있으나 결혼하면 부부궁이 불리하여 독수공방 아니면 생사별할 수 있는 명이나 혼자 살면 부귀영화를 누릴 수 있는 명이다. 사주가 양사주 이거나 음사주로만 되어도 고독한 명이다.

여성 사주에 관성이 하나만 있으면 좋은 명이나 관성이 둘일경우 불리하지만 정관은 본남편이고 편관은 직업으로 생활하면 좋은 명이다. 여성 사주가 일주태왕(日主太旺).식상태왕(食傷太旺).관살혼잡(官殺混雜).화개 (華蓋-辰戌丑

未).부성입묘(夫星入墓).가 있는 것을 가장 꺼린다.

* 여기서 부성입묘란.

甲乙日에 辛丑(癸辛己) - 辛.

丙丁日에 壬辰(乙癸戊) - 癸.

戊己日에 乙未(丁乙己) - 乙.

庚辛日에 丙戌(辛丁戊) - 丁.

壬癸日에 戊辰(乙癸戊). 戊戌(辛丁戊) - 戊.가 사주에 있으면 남편이 무능하여 덕이 없고 생사별 하여 과부가 될 운명이다.

여성 사주에 식상이 혼잡되어 있으면 내 자식은 남이 키우고 남의 자식은 내가 키우는 명이다. 여성 사주 일지에 식상이 있으면 음식 솜씨가 좋으나 상관은 성격이 거칠어 욕하고 시비를 좋아하며 심하면 부부이별수가 있다. 여성 사주에 관살이 없으면 결혼하기가 어렵지만 운에서 관이 들어오면 시집갈 명이 된다. 여성 사주에 식상이 많고 관살이 전혀 없으면 오히려 좋은 명이나. 운에서 관살이 들어오면 불리한 명이라 부부이별수가 있다. 또 식상이 많고 백호살에 해당하고 충극이 있으면 자주 유산하게 된다. 사주에 형충극은 꺼리고 합은 기뻐하나 일간이 관살과 합이 많으면 여러 남자와 만나기 때문에 불길한 명이다.

乙巳.辛巳.癸巳.丁亥. 일생은 관성이 몰래 숨어있어 비밀리에 정부를 두기 쉽고.

壬子.壬申.癸酉.癸亥.辛酉.辛亥. 일생은 성욕이 강하고.

壬戌.癸丑.일생은 남편을 깔보는 경향이 있고 .

비겁이 많으면 바람기 있는 남편을 만나 고독 하고. 관성이나 식상이 형충극에 해당하고 운에서 형충극이 들어와도 바람이 나서 남편 자식을 버리고 집을 나간다. 관성이 공망이면 남편 덕이 없고 식상이 공망이면 자식 덕이 불리한 명이다. 일지에 관살이 있고 형충극을 하면 부부해로하기 힘들지만 공망이면 좋은 명이 될 수 있다. 년주와 일주가 동일할 때 부부 해로하기 힘들다. 신약사주에 관살이 미약하고 재성이 태왕하면 재혼하기 쉽다.

여성 사주에 식신 상관을 자식으로 보지만 시주로도 자식을 참작해야한다. 시주는 자식 말년에 해당하기 때문이다. 일주 왕하고 관살도 왕하면 자식도 많고 현량하다. 일주가 약해도 관살이 없고 식상만 있으면 자식이 있다. 사주가 과하게 습하거나 건조해도 자식이 없고. 일주가 너무 태왕 하거나 태 약해도 자식이 없다.

자식궁은 여자 사주 뿐만 아니라 남편 사주도 참고 해야하므로 신중을 기해야 한다. 특히 아들과 딸의 구별은 잘참고 해야 한다. 사주도 왕하고 식상도 왕하면 자식이 많고. 신약한데 식상이 많거나 인수가 많으면 낙태하거나 난산할 우려가 있다. 시지가 일지를 형충극 해오면 자식이 불효 하거나 덕이 없다.

여성의 결혼 시기는 남편을 표시하는 관살이 합이 들어오는 대운이나 세운에 하기 쉽고, 관살이 없을 때는 용신이 희신일 때와 일지에 관살이 합이 들어 올 때와 육합이나 삼합이 들어올 때는 결혼하게 된다. 또 용신이나 관살이 없어도 세운데 운에서 용신이나 관살이 들어오면 결혼하게 된다.

사주에 삽합이나 육합이 많으면 조혼하게 되나 이혼기도 쉽고 년주 월 주의 초년운에 형충극이 있으면 일찍 결혼하게 되나 실패할 수도 있다. 늦게 결혼하면 액운을 면한다. 사주에 비겁이 많거나 관살혼잡이 되었거나 관살이 전혀 없거나 대운이 불리하게 들어오면 늦게 결혼하는게 좋다.

여성 사주에 청기가 있고 천을귀인을 만나면 관록있는 남편이고 재관이 좋으면 행정관이고. 일지나 용신이 인수이면 현명하고. 관살이 천덕 월덕 귀인이면 마음이 자비롭고. 丙子.戊午.일생과 일지 용신이 정관이면 미남자이고. 일지에 편관이면 성격이 까다롭고. 일지가 형충극이나 양인이면 다병하여 신체 허약하고 관살이 목욕 도화 동주하면 남편이 바람둥이고. 관살이 일지에 고신 과숙 화개 등이 있으면 배우자가 고독한 명이다. 여성 사주는 일지에 관살이 육합이나 삼합이 된 경우. 사주에 도화나 목욕이 많이 있는 사주. 육합 삼합이 많은 사주. 양간지 음간지로만 되어 있는 사주. 水기가 태왕하고 관살혼잡이 되고 홍염살이 여러 개 있는 사주는 연애할 명이다. 여성의 사주가 대부분 관살로 되거나 식상으로 되거나 水기가 태왕하고 많거나 일지 시지에 도화가 있거나 간합 육합 삼합 반합이 많고 혼탁하면 기생이나 화류계에 종사하는 명이라 하겠다.

(예).

年. 丁巳. 일간 癸水가 申金월에 득령하여 강하나 식재관

月. 戊申. 이 왕하여 약해 졌다. 그러나 오행이 다 있고

日. 癸丑. 중화되어 상생순환을 이루어 청순 하다.

時. 乙卯. 여자 사주로서 귀부인이 된 명이라 하겠다.

(예).

年. 戊申. 일간 壬水가 寅木월에 출생하고 木기가 왕하여

月. 甲寅. 신약이다. 년지 申金이 있으나 寅申충 하여 용

日. 壬寅. 신이 약하다 년간 戊土는 시주의 재성과 무정

時. 丙午. 하여 생을 받지 못하여 년주의 관인이 파극되

어, 초년에 과부가 되어 재혼한 여자의 명이

다. 오행은 다 있으나 무정하고 충극이 있어

불길한 명이라 하겠다.

제7장. 대운과 년운.

사람이 태어나서 한평생 잘 살고 못 사는 것은 타고난 팔자(宿命)에 있으나 팔자를 고쳐주는 것은 운명(大運.年運)에 있다고 본다. 대운의 간지를 10년을 기준하여 천간을 5년 지지를 5년으로 보고. 또 천간을 3년 지지를 7년으로 보기도 하지만 필자의 경험상으로는 천간 5년 지지 5년이 확률적으로 정확성이 높다고 보지만 천간과 지간의 상생 상

극도 잘 참작해야한다. 즉 甲戌 대운이라 하면 천간은 甲木이고 지지는 戌土라 木극土 하여 지지가 불리하고 甲子 대운이라 하면 水生木 하여 천간의 甲木의 기운이 더 강하고 甲午 대운이라 하면 木生火 하여 午火의 기운이 더 강해지기 때문에 천간. 지간을 분리하여 보기도 하지만 대운의 간지를 종합하여 감정하는 것도 중요하다고 본다.

동양 철학인 음양오행(木火土金水)은 이론상으로는 정말 신비롭고 오묘한 학문이지만 이 학문을 이용하여 사람의 팔자를 감정하기란 정말 어려움이 따른다고 본다. 팔자를 잘 타고난 숙명은 길운에는 발복하여 부귀영화를 누리며 잘 살고 흉운이 들어와도 버티고 살아 가지만, 팔자를 잘 못타고난 숙명은 길운에는 발복하지만 흉운이 들어오면 손재 병 고 구설등이 있고 심하면 패가망신 하는 명이라 볼 수 있다.

대운이 사주의 년월지를 형.충.파.해 극을 해오면 육친에 해가 있거나 부모 형제와 다툼이 있고 이별수도 있다. 대운이 사주의 일지를 형.충.파.해 극을 해오면 부부 이별수가 있으나 따로 떨어저 살던지 외국에 가서 살면 그 운은 면할 수 있다. 대운이 사주가운데 왕성한 오행을 형.충.극.하면 재난을 당하고 노인은 이 운에 사망할 수 있다.

사주 가운데 비겁이 많고 재성이 있어 미약할 때 비겁을 만나면 군비쟁재가 되어 파재 손재 관재구설 사고 등이 있는 명이나 사주 가운데 재성이 하나도 없으면 군비쟁재가 아니다. 재다신약 사주는 비겁운에 재물을 모으나 식상운

실제감정

에는 손재의 명이다.

신왕 사주에 재성이 미약하면 식상이나 재성운에 재산을 모으고 인수나 비 겁운은 불길하여 파재 손재 부부 이별수가 있다. 종강격 사주는 인성 비겁운에 길하고 재관운은 불길한 명이다. 종살격 사주는 재관운에 발복하고 식상 비겁운은 불길하여 실직과 구설수가 있다. 종재격 사주는 식상 재관운은 길하고 인수 비겁운은 불길하다. 종아격 사주는 인성운을 가장 꺼린다.

잡기재관격(雜氣財官格)인 사주는 辰.戌.丑.未.가 형.충.극. 운에 더 발복할 수 있다. 일주가 신왕한 가운데 재성도 강하나 식상이 없으면 재물이 가끔 바닥이 나며 식상운이나 재운에는 발복하여 재물을 얻는다. 재다신약(財多身弱)사주는 비겁 인수운에 발복하여 재물을 모으지만 재성운 에는 손재 병고 구설과 부부 이별수도 있고 여자로 인하여 망신과 곤액을 당한다. 재가 용신일 경우 무조건 식상이나 재운에 발복하여 재물을 모으나 비겁운에는 불리한 명이다.

운명(大運.年運)이 용신과 희신을 생조하면 발복하고 형충극이 되거나 합이되어 타 육신으로 변하면 평운이나 용신을 극파하고 설기시키면 흉한 명이다. 사주팔자에 동일한 오행이 많은데 그 오행을 형충극하는 운이 오면 흉사할 명이다. 남자는 관성이 입묘하면 자식이 해롭고. 여자는 관성이 입묘하면 남편이 해롭고 식상이 입묘하면 자식이 해롭다. 운명이 일지를 형충극을 하면 일신상에 변동이 생기고 부부간 이롭지 못한 일이 생긴다.

* **년지를 형충극을 하면 부모, 형제, 육친 간에 불화와 구설과 변동수가 있다.**

대운과 년운이 길운이면 대길할 명이고.

대운과 년운이 흉운이면 대흉한 명이다.

년운이 길운인데 대운이 생하여 주면 더욱 길운이고.

년운이 길운이나 대운이 형충극파하면 소길명이고.

년운이 흉운인데 대운이 생하면 더욱 흉운이 되고.

년운이 길운인데 대운이 흉운이면 반길 흉명이다.

사주와 대운과 년운이 육합 삼합 반합 방합이 되면 타인과의 관계가 원만한 명이다. 일진도 대운이나 년운과 같이 길흉을 판단하면 된다. 결혼 이사 택일은 천덕귀인 월덕귀인과 덕합일과 일지에 합이 되는 방법이 행해지고 있다.

내가본 운명학

초판인쇄 2018년   7월 20일
초판발행 2018년   7월 30일

저   자 양정진
펴 낸 이 소광호
펴 낸 곳 관음출판사

주   소 130-070 서울시 동대문구 용두동 751-14 광성빌딩 3층
전   화 02) 921-8434, 929-3470
팩   스 02) 929-3470
홈페이지 www.gubook.co.kr
E - mail gubooks@naver.com

등   록 1993. 4.8 제1-1504호
ⓒ 관음출판사 1993

정가 20,000원

새로운 滴天髓풀이

[제❶권 · 제❷권]

21세기 新개념의 역학!

적천수천미와 적천수징의를 철저하게 비교 분석하여 그 동안 밝혀내지 못 했던 오류를 바로잡았으며, **한글세대도 쉽게 접할 수 있도록 알기쉽고 매끄럽게 번역했다.** 그리고 풍부한 해설을 곁들였을 뿐 아니라 천미와 징의에 예시된 수많은 명조마다 사주의 구조와 운의 좋고 나쁨을 일일이 명쾌하게 해석해 놓음으로써, **누구든지 독학(獨學)이 가능하도록 했다.** 그리고 천미나 징의에 나오지 않는 자평 명리학의 이론도 타당하다고 인정되는 범위 내에서 가능한 한 폭넓고 상세하게 다루었다.

[제❶권] 慧源 羅明祺 지음 / 신국판 / 양장본 / 756쪽 / 정가 40,000원
[제❷권] 慧源 羅明祺 지음 / 신국판 / 양장본 / 728쪽 / 정가 40,000원

명당 찾기의 참된 길잡이

한국의 재혈풍수

[上권 · 下권]

실존의 명당, 재혈에 의해서만 그 실체가 밝혀진다!

- **재혈**이란, 서기어린 땅의 생기가 감돌아 서리는 명당터를 정확히 짚어서 찾아내는 일이다.

- **재혈**의 과정과 결과가 곧 명당을 찾는 풍수지리학의 핵심과제이고 최종의 목표다.

- 그래서 '**심룡3년, 재혈10년**'의 대명제가 영원한 의미로 끊임없이 전해온 것이리라.

- '**한국의 재혈풍수**' 상 · 하권은, 교구통맥법에 의지해서 태교혈을 찾아내는 재혈의 이법과 실제를 손에 잡히도록 알기쉬운 이해의 경로를 밟아 상술하므로서 난해하다는 재혈의 한 기법이라도 바르게 캐내려는데 중점을 두고 엮어내었다.

많은 사람은 '**한국의 재혈풍수**'를 왜 주목하는가! 처음 시도된 한 분야의 전문적 질문에 응하는 답은?] 지금 바로 펼쳐보십시오.

上권 鳳田 鄭日均 지음 / 신국판 / 양장본 / 576쪽 / 정가 30,000원
下권 鳳田 鄭日均 지음 / 신국판 / 양장본 / 512쪽 / 정가 30,000원

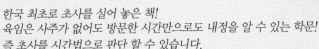